JN087124

図解 収益認識基準のしくみ

改訂版

あずさ監査法人 [編]

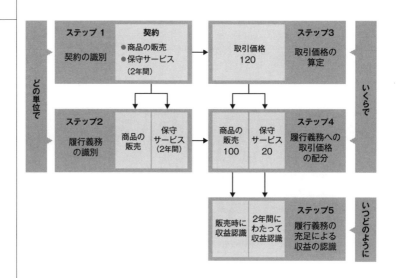

中央経済社

ここに記載されている情報はあくまで一般的なものであり，特定の個人や組織が置かれている状況に対応するものではありません。私たちは，的確な情報をタイムリーに提供するよう努めておりますが，情報を受け取られた時点及びそれ以降においての正確さは保証の限りではありません。何らかの行動をとられる場合は，ここにある情報のみを根拠とせず，プロフェッショナルが特定の状況を綿密に調査した上で提案する適切なアドバイスをもとにご判断ください。

はじめに

　多くの財務諸表利用者が，最初に注目する経営指標，それは「売上高」です。企業会計基準委員会は，2018年3月にわが国における収益認識基準を公表し，2020年3月にも開示の定めを加える基準改正を行いました。これにより，損益計算書のトップラインの項目である，「売上高」に関する会計処理と開示がわが国において変わろうとしています。

　日本基準を適用するすべての上場企業のほか，会社法監査の対象となる非上場企業等においても収益認識基準を適用することが求められます。また，連結財務諸表に国際財務報告基準や米国会計基準を適用している企業であっても，個別財務諸表は日本基準に基づいて作成する必要があるため，同様にこの収益認識基準を適用することになります。これは，この基準がどれだけ日本経済に影響を与える可能性があるかを示唆しています。

　すでに，国際財務報告基準および米国会計基準については，わが国の収益認識基準と同様の概念に基づいた収益認識基準が適用されていますが，その適用プロジェクトにおいては，新しい収益認識基準は実務への適用が難しい，という声がよく聞かれました。これは，収益認識基準で求められている定めが概念的かつ抽象的であることや，収益認識基準の適用においては実務上多くの判断が必要となることなどに起因するものと思われます。

　また，2020年3月の基準改正で加えられた開示の定めには，従来開示していなかった内容が多く含まれており，開示の実務負担が高まる可能性があります。

　このような課題に対応するためには，収益認識基準の内容を十分に理解したうえで，基準の要求事項と企業の判断が必要となる事項を適切に把握することが不可欠と考えられます。本書は，重要事項のポイントとその図解，解説を見開きに配置し，収益認識基準の概要を短時間で容易に把握できるようにするためのさまざまな工夫を凝らしています。

本書が，皆様の収益認識基準の理解と収益認識基準の適用準備に関して少しでもお役に立てれば幸甚です。

　最後に，中央経済社の坂部秀治氏には，本書の刊行にあたり企画段階から出版まで大変貴重な助言をいただきました。この場を借りて厚くお礼申し上げます。

2020年10月

有限責任　あずさ監査法人

理事長　髙波博之

本書の特徴と読み方

- 本書の構成は，トピックごとに見開きで完結する形となっており，参照したい内容を適時かつ容易に確認することが可能です。
- 各トピックの最重要論点を，右頁上部の「この項目のポイント」で簡潔にまとめるとともに，左頁でその重要論点を図解しています。まず，「この項目のポイント」と図解でトピックの全体像を把握していただき，右頁の解説を読むことで，さらに理解を深めることができます。
- 各トピックに関連する主な収益認識基準の定めは，左頁下部にまとめて以下のルールで記載しています。基準や適用指針を参照する際にご利用ください。
  - 会…企業会計基準第29号「収益認識に関する会計基準」
  - 適…企業会計基準適用指針第30号「収益認識に関する会計基準の適用指針」
  - 設…「収益認識に関する会計基準の適用指針」の設例
  - 四…企業会計基準第12号「四半期財務諸表に関する会計基準」
- 「重要性等に関する代替的な取扱い」の定めが設けられているトピックについては，代【○-○】として関連する代替的な取扱いを左頁下部に記載しました。原則的な取扱いと代替的な取扱いを比較する際にご参照ください。
- 従来の実務にはなじみがなく，会計処理の検討が特に難しい重要論点については，「例題」として，会計上の考え方および会計処理を例示しました。具体的な会計処理のイメージを把握する際にご参照ください。

　本書が皆様の収益認識基準適用プロジェクトにあたって，一助となることを願っております。

有限責任 あずさ監査法人

パートナー　長谷川義晃

パートナー　辻野　幸子

CONTENTS

<第3章> 特定の状況または取引における取扱い ································· 87

第4章　重要性等に関する代替的な取扱い ……………………… 143

第5章　開　　示 ＝＝＝＝＝＝＝＝＝＝＝＝＝＝＝ 171

第6章　適用時期および経過措置 ＝＝＝＝＝＝＝＝＝ 191

略語表

略称	基準等名称
収益認識基準（以下の「会計基準」と「適用指針」をあわせた略称）	
会計基準	収益認識に関する会計基準（企業会計基準第29号）
適用指針	収益認識に関する会計基準の適用指針（企業会計基準適用指針第30号）
工事契約会計基準	工事契約に関する会計基準（企業会計基準第15号）
工事契約適用指針	工事契約に関する会計基準の適用指針（企業会計基準適用指針第18号）
ソフトウェア取引実務対応報告	ソフトウェア取引の収益の会計処理に関する実務上の取扱い（実務対応報告第17号）
金融商品会計基準	金融商品に関する会計基準（企業会計基準第10号）
四半期会計基準	四半期財務諸表に関する会計基準（企業会計基準第12号）
リース会計基準	リース取引に関する会計基準（企業会計基準第13号）
特定目的会社を活用した不動産の流動化に係る譲渡人の会計処理に関する実務指針	特別目的会社を活用した不動産の流動化に係る譲渡人の会計処理に関する実務指針（会計制度委員会報告第15号）
ASBJ	企業会計基準委員会
IASB	国際会計基準審議会
IFRS	国際財務報告基準
IFRS第15号	国際財務報告基準第15号「顧客との契約から生じる収益」
FASB	米国財務会計基準審議会
Topic 606	ASC Topic 606「顧客との契約から生じる収益」

第 **1** 章

収益認識基準の概要

1-1 収益認識基準の公表

■ 収益認識基準と国際的な会計基準

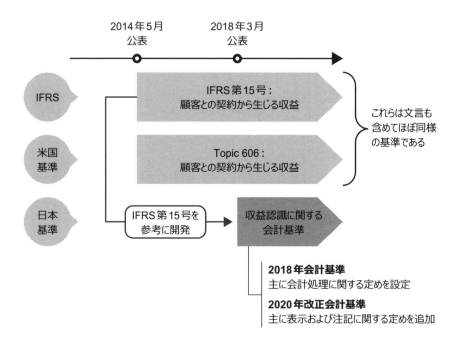

2014年5月
公表

2018年3月
公表

IFRS

IFRS第15号：
顧客との契約から生じる収益

米国基準

Topic 606：
顧客との契約から生じる収益

これらは文言も含めてほぼ同様の基準である

日本基準

IFRS第15号を参考に開発

収益認識に関する会計基準

2018年会計基準
主に会計処理に関する定めを設定

2020年改正会計基準
主に表示および注記に関する定めを追加

各基準適用後は，国際的にも比較可能性が向上！

収益認識基準と国際的な会計基準

　従来，日本基準では，収益認識に関して「売上高は，実現主義の原則に従い，商品等の販売又は役務の給付によって実現したものに限る。」（企業会計原則第二　損益計算書原則三B）という原則はあったものの，包括的な会計基準はなかった。

　また，国際会計基準審議会（IASB）および米国財務会計基準審議会（FASB）による共同での収益認識に関する包括的な会計基準の開発・公表に伴い，IFRSと米国会計基準により作成される財務諸表における収益の額は，おおむね同様の基準のもとで報告されることとなった。このような状況を踏まえ，企業会計基準委員会（ASBJ）は，2015年3月に，IFRS第15号を踏まえたわが国における収益認識に関する包括的な会計基準の開発を開始し，2018年3月30日に公表するに至った（以下「2018年会計基準」という）。これにより，国際的な会計基準を適用する企業を含めて，収益に関して比較可能性が向上することとなった。

　なお，2018年会計基準においては，主に会計処理に関する定めが設定されており，表示および注記事項については必要最低限の事項のみが定められていた。

　その後，2020年3月31日に，主に表示および注記に関する定めを追加した2020年改正会計基準が公表された。

廃止される基準等

　収益認識基準の適用により従来適用されていた(1)工事契約会計基準，(2)工事契約適用指針，(3)ソフトウェア取引実務対応報告は廃止される。

収益認識基準の適用対象会社

　「収益認識に関する会計基準」，および「収益認識に関する会計基準の適用指針」（以下「収益認識基準」という）は，原則として2021年4月1日以後開始する会計年度から，ASBJにより公表された会計基準を適用するすべての企業で適用される（【6-1】参照）。

1-2 収益認識基準の開発にあたっての基本的な方針

■ 収益認識基準の開発にあたっての基本的な方針

連結財務諸表	個別財務諸表
IFRS第15号の定めを基本的にすべて取り入れる ＋ 国際的な比較可能性を大きく損なわせない範囲で 適用上の課題に対応するための代替的な取扱いを定める（【4-1】参照）	連結財務諸表 と同様
代替的な取扱い • 重要性が乏しい場合の取扱い • 顧客との契約の観点で重要性が乏しい場合の取扱い • 出荷および配送活動に関する会計処理の選択 • 期間がごく短い工事契約および受注制作のソフトウェア • 船舶による運送サービス • 出荷基準等の取扱い • 契約の初期段階における原価回収基準の取扱い • 重要性が乏しい財またはサービスに対する残余アプローチの使用 • 契約に基づく収益認識の単位および取引価格の配分 • 工事契約および受注制作のソフトウェアの収益認識の単位 • 有償支給取引	

- IFRS 第15号の定めを基本的にすべて取り入れる。
- 連結財務諸表と個別財務諸表で同様の会計処理を行うこととする。
- 従来の実務に配慮し，適用上の課題に対応するため，比較可能性を大きく損なわせない範囲で代替的な取扱いを定める。

連結財務諸表に関する開発方針

ASBJ は，国内外における企業との財務諸表の比較可能性を重視する一方で，国際的な会計基準を採用した場合に生じる従来の実務等とのギャップに配慮するため，連結財務諸表に関して，下記を基本的な方針として収益認識基準を開発することとした。

(1) IFRS 第15号の定めを基本的にすべて取り入れる。

(2) 適用上の課題に対応するため，国際的な比較可能性を大きく損なわせない範囲で，代替的な取扱いを追加的に定める。

個別財務諸表に関する開発方針

下記の理由から，個別財務諸表においても，連結財務諸表と同様の会計処理を求めることとした。

(1) 従来から，会計基準の開発に際しては，基本的に，個別財務諸表においても連結財務諸表と同様の会計処理が定められてきたこと

(2) 連結財務諸表と同様の内容としない場合には，連結調整のコストが生じ，同様の内容とする場合には，中小規模の上場企業や連結子会社等における負担が懸念されるが，後者については重要性等に関する代替的な取扱いの定めを置くこと等により一定程度実務負担を軽減できると考えられること

1-3 適用範囲（顧客との契約か否かの判断）

■ 適用対象となる取引

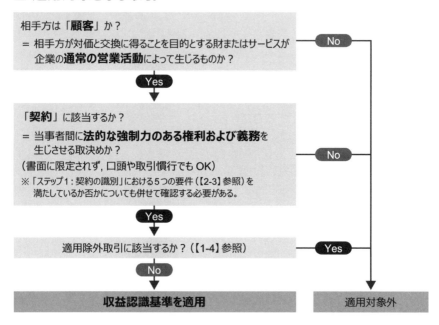

相手方は「**顧客**」か？
= 相手方が対価と交換に得ることを目的とする財またはサービスが
企業の**通常の営業活動**によって生じるものか？ — No

↓ Yes

「**契約**」に該当するか？
= 当事者間に**法的な強制力のある権利および義務**を
生じさせる取決めか？
（書面に限定されず，口頭や取引慣行でも OK）
※「ステップ1：契約の識別」における5つの要件（【2-3】参照）を
満たしているか否かについても併せて確認する必要がある。 — No

↓ Yes

適用除外取引に該当するか？（【1-4】参照） — Yes

↓ No

収益認識基準を適用　　　　　　適用対象外

■「顧客」か否かの判断例

A社 ◄ 受託研究サービスの提供に関する契約 ► B社	A社 ◄ 共同開発に関する契約 ► B社
A社にとって，受託研究サービスは通常の営業活動によって提供するサービスである場合	A社にとって，研究開発のリスクと便益の共有が目的であり，通常の営業活動として提供するものではない場合
▼	▼
B社は顧客に該当する	B社は顧客に該当しない

- 収益認識基準は，原則として「顧客との契約」から生じる収益に適用される。そのため，契約の相手方が「顧客」か（複数の相手方がいる場合には誰が顧客なのか），および契約が収益認識基準の適用対象である「契約」なのかの判断が重要となる。

適用対象となる取引

　収益認識基準は，原則として「顧客との契約」から生じる収益に適用される。したがって，その契約が「顧客」との間で行われる取引であるか否か，および収益認識基準の適用対象である「契約」か否かを検討する必要がある。なお，「顧客との契約」に該当したとしても，適用除外となる取引（【1-4】参照）に該当する場合には，収益認識基準は適用されない。

「顧客」か否かの判断

　契約の相手方が「顧客」であるか否かは，その相手方が対価と交換に得る財またはサービスが，企業の通常の営業活動によって生じるものか否かに焦点を当てて検討する。例えば，提携契約に基づく共同研究開発のように，契約の目的が，企業の通常の営業活動により生じた財またはサービスを得るためではなく，契約により生じるリスクと便益を契約当事者間で共有するためである場合，その相手方は顧客には該当せず，収益認識基準は適用されない。

「契約」か否かの判断

　契約とは，当事者間に法的な強制力のある権利および義務を生じさせる取決めをいう。強制力のある権利および義務を生じさせるか否かの判断を行う際には，「ステップ1：契約の識別」の5つの要件を満たしているかを検討する必要がある（詳細は【2-3】にて解説）。契約は必ずしも書面によってのみ成立するものではなく，口頭や取引慣行等により成立する場合もある。また，強制力のある権利および義務が生じているか，それがいつ生じるのかについては，国や業種，企業による契約締結に関する慣行および手続，ならびに顧客の属性や財またはサービスの性質等を考慮して判断しなければならない。

　なお，収益認識基準は，契約の当事者が現在の強制力のある権利および義務を有している契約の存続期間を対象として適用されるため，収益認識基準の適用に際しては，契約期間を識別しておくことも重要となる。

適用範囲
（収益認識基準の適用が除外される取引）

■ 収益認識基準の適用が除外される取引

1	金融商品会計基準の範囲に含まれる金融商品に係る取引
2	リース会計基準の範囲に含まれるリース取引
3	保険法（平成20年法律第56号）における定義を満たす保険契約
4	顧客（潜在的な顧客を含む）への販売を容易にするための同業他社との商品または製品の交換取引
5	金融商品の組成または取得に際して受け取る手数料
6	「特別目的会社を活用した不動産の流動化に係る譲渡人の会計処理に関する実務指針」の対象となる不動産（不動産信託受益権を含む）の譲渡
7	資金決済に関する法律（平成21年法律第59号）における定義を満たす暗号資産および金融商品取引法（昭和23年法律第25号）における定義を満たす電子記録移転権利に関連する取引

■ 契約の一部に他の基準が適用される場合

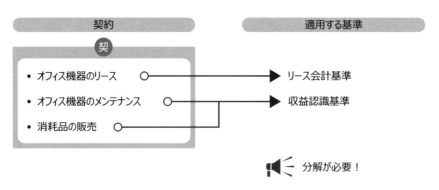

- 顧客との契約であっても，他の会計基準が適用される一定の取引（またはその一部）については，収益認識基準は適用されない。

収益認識基準の適用が除外される取引

契約が「顧客との契約」に該当した（【1-3】参照）としても，左頁に列挙された取引に該当する場合は，収益認識基準は適用されない。

なお，「(4)顧客（潜在的な顧客を含む）への販売を容易にするための同業他社との商品または製品の交換取引」とは，例えば，物理的に離れているA社とB社が同じ商品を販売しており，B社の近くに所在する遠方の顧客にA社が商品を提供するような場合で，A社が地理的な利便性を考えて自社保有の商品とB社保有の商品を契約上交換し，B社の倉庫からその顧客に商品を出荷するようなケースが該当する。このような同業他社との保有商品の交換取引には，収益認識基準は適用されない。

契約の一部に他の基準が適用される場合

顧客との契約のうちの一部が，左頁の「収益認識基準の適用が除外される取引」に該当する場合もある。この場合は，まず収益認識基準の適用対象外となる部分を他の基準に従って会計処理し，これらを除いた顧客との契約の残りの部分について収益認識基準を適用する。

収益認識基準と IFRS 第15号の主な相違点

■ 収益認識基準とIFRS第15号の主な相違点

両基準は基本的に同じ内容であるが，主に下記のような相違点がある。

	IFRS第15号	収益認識基準 （日本基準）
重要性等に関する 代替的な取扱い （詳細は【4-1】以降 で解説）	× 代替的な取扱いの定めなし （ただし，一般的な 重要性の概念はあり）	○ 代替的な取扱いの定めあり
企業の通常の営業 活動ではない 固定資産の売却	○ IFRS第15号の定めを参照し， 利得または損失を算定する	× 利得または損失の算定に際して， 収益認識基準を参照しない
契約コスト	○ IFRS第15号を適用し， 要件を満たす場合，資産計上する	△ 定めが設けられていない （一定の場合はIFRS第15号または Subtopic 340-40の定めを適用可）

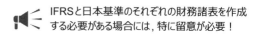 IFRSと日本基準のそれぞれの財務諸表を作成
する必要がある場合には，特に留意が必要！

- わが国の収益認識基準は，基本的に IFRS 第15号と同じ内容であるが，主に次の点で IFRS 第15号と異なっている。
  - 適用上の課題に対応するための代替的な取扱いが定められている。
  - 企業の通常の営業活動ではない固定資産の売却損益の算定に際し，収益認識基準の定めを参照しない。
  - 契約コストの定めがない。

日本基準と IFRS 第15号との違いとしては，【4-1】に記載の「重要性等に関する代替的な取扱い」に加えて，以下の相違点がある。IFRS と日本基準の両方を用いて決算を行う必要がある企業においては，これらの相違にも留意する必要があると考えられる。

企業の通常の営業活動ではない固定資産の売却

IFRS では，企業の通常の営業活動ではない固定資産の売却についても，IFRS 第15号の定めを参照してその取引から生じる利得または損失を算定することとされている。一方，わが国の収益認識基準では，固定資産の売却について，このような定めはない。

契約コスト

IFRS 第15号においては，顧客との契約を獲得したり履行したりするために要したコストのうち一定の要件を満たすものは，資産計上が求められる。しかしながら，日本基準におけるコストの資産化の定めは IFRS の体系と異なるため，収益認識基準では，契約コストに関する要求事項は定めていない。

ただし，下記の場合には，わが国の収益認識基準を適用する場合でも，IFRS 第15号または Subtopic 340-40における契約コストの定めの適用が認められる。

- IFRS または米国会計基準を連結財務諸表に適用している企業が，その企業の個別財務諸表に収益認識基準を適用する場合
- IFRS または米国会計基準を連結財務諸表に適用している企業の連結子会社が，その連結財務諸表および個別財務諸表に収益認識基準を適用する場合

　収益認識基準の影響は，各社さまざまであると考えられますが，1ついえることは，現行実務と比べて見積りと判断を要する場面が格段に増えるということです。例えば，収益認識基準では，一般に，次のような場面で見積りや判断の行使が必要となります。

- 複数の契約を結合すべきか？（【2-6】）
- 契約の中に履行義務はいくつあるのか？（【2-8】～【2-12】）
- 変動対価とその制限額をどのように見積るか？（【2-14】～【2-16】）
- 直接観察可能でない独立販売価格をいくらと見積るか？（【2-23】）
- 履行義務は一時点と一定の期間のいずれで充足されるものか？（【2-27】）
- 本人か代理人か？（【3-2】，【3-3】）
- （ライセンスの付与）は，アクセス権の付与か使用権の付与か？（【3-8】）
- 顧客に支払われる対価は，売上のマイナスか販管費か？（【2-20】，【2-21】）

上記は例示であり，このほかにもさまざまな見積りや判断が必要です。

　見積りや判断の行使には，事実・状況および契約内容の慎重な検討が必要であり，同じような事象に見えても判断の結果が異なることも考えられます。また，「判断」であることから，1つの明確な「解答」があるわけではありません。例えば，本人・代理人の判断でいえば，1つの取引の中に本人と取れる要素も代理人と取れる要素もあり，いずれの見解を採るべきか，判断が非常に難しいケースも考えられます。

　また，上記の見積りや判断の結果は，収益の計上金額に直接反映されることになります。現行実務でも，判断や見積りが必要な場面はありますが，売上高に直接反映されるようなものはそれほど多くはなかったと考えられます。

　したがって，今後は，これまで以上に契約や取引の実態，営業の意図等を把握しておく必要があり，また，誰が，いつ，どのようなアプローチで重要な見積りや判断を行うのか，社内でのルールを決めておく必要があると考えられます。

第 **2** 章

会計処理の
５つのステップ

2-1 基本となる原則と5つのステップ

■ 収益認識の5つのステップ

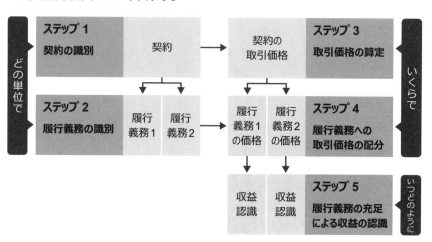

■ イメージ図（契約に商品の販売と保守サービスが含まれる場合）

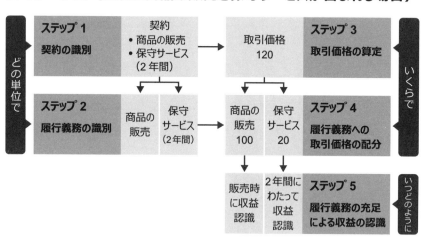

基本となる原則

　収益認識基準の基本原則は，約束した財またはサービスの顧客への移転を，それらと交換に企業が権利を得ると見込む対価の額で描写するように，収益を認識することである。

収益認識の５つのステップ

　上記の基本原則に従って収益を認識するため，下記の５つのステップを適用する。

ステップ１：契約の識別（【2-3】～【2-7】参照）

　収益認識基準は，顧客と合意し，一定の要件を満たす顧客との契約に適用する。複数の契約であっても実質的に１つと考えられる場合は１つの契約とみなす。

ステップ２：履行義務の識別（【2-8】～【2-12】参照）

　契約において顧客に移転することを約束した財またはサービスが一定の要件を満たす場合には，別個の履行義務として識別する。収益認識基準においては，ここで識別した１つひとつの履行義務ごとに収益を認識する（すなわち，個々の履行義務が収益認識の単位となる）。

ステップ３：取引価格の算定（【2-13】～【2-21】参照）

　顧客に移転する財またはサービスと交換に企業が権利を得ると見込む対価の額（これを「取引価格」という）を算定する。

ステップ４：履行義務への取引価格の配分（【2-22】～【2-25】参照）

　取引価格を個々の履行義務にそれぞれの独立販売価格の比率に基づいて配分する。独立販売価格が直接観察可能でない場合は見積ることが必要となる。

ステップ５：履行義務の充足による収益の認識（【2-26】～【2-29】参照）

　履行義務が，一時点で充足されるか一定の期間にわたり充足されるかの判断を行う。その判断に基づき，それぞれの履行義務が充足された時，または充足されるにつれて，それぞれの履行義務に配分された額で収益を認識する。

2-2 ポートフォリオ・アプローチの概要

■ 収益認識基準の適用単位の原則と容認

前提条件

- A社は, 顧客X, Y, Zとそれぞれの契約を締結した。

原則

個々の契約単位で収益認識基準を適用する。

容認 これらの契約の特性が類似しており, かつ個々の契約に適用した場合と比べて,
契約全体に収益認識基準を適用しても重要な差異がないと合理的に見込まれる場合

契約グループ全体に対して収益認識基準を適用する
ことができる。

＝ポートフォリオ・アプローチ

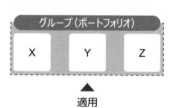

■ 収益認識基準の定めは，原則として個々の契約に適用されるが，個々の契約・履行義務単位での適用と比較して重要な差異が生じないと合理的に見込まれる場合は，類似する契約または履行義務のグループ全体（ポートフォリオ）に対して収益認識基準の規定を適用することが認められる。

収益認識基準の適用単位の原則と容認

収益認識基準の定めは，「重要性等に関する代替的な取扱い」（【4-1】以降参照）を含め，顧客との個々の契約に適用される。

ただし，一定の要件を満たす場合は，収益認識基準の定めを個々の契約に対してではなく，複数の契約または履行義務から構成されるグループ全体に対して適用することができる（この方法を「ポートフォリオ・アプローチ」という）。

ポートフォリオ・アプローチは，例えば，取引価格を履行義務に配分する際に，個々の契約それぞれについて配分計算を行うのではなく契約グループ全体についてまとめて配分計算を行う場合や，返品権付きの販売において返品率の見積りを個々の契約でなく契約グループでまとめて行う場合など，さまざまな場面での適用が想定される。

ポートフォリオ・アプローチを用いるための要件

ポートフォリオ・アプローチを用いるためには，下記の要件を満たす必要がある。

● ポートフォリオ・アプローチを適用する契約または履行義務のグループが特性の類似した契約または履行義務から構成されること
● 財務諸表への影響について，個々の契約または履行義務を対象として適用した場合と比べて，重要な差異が生じないことが合理的に見込まれること

ポートフォリオ・アプローチは，企業が多数の類似した契約や履行義務を有している場合の実務的な方法として定められたものであることに鑑みると，2点目の要件において，重要な差異が生じないことを検討する際には，必ずしも詳細な金額的な評価が求められているわけではないと考えられる。

ステップ１：契約の識別

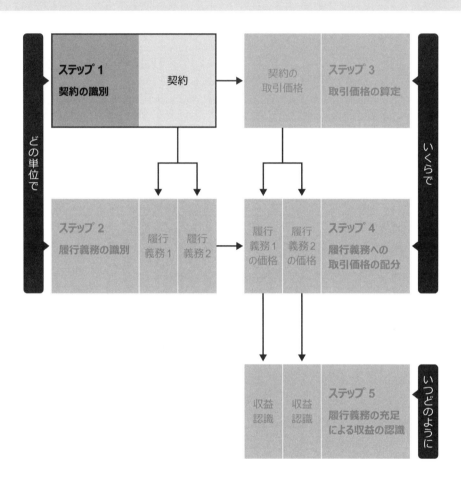

ステップ１：契約の識別（【2-3】～【2-7】参照）

収益認識基準は，顧客と合意し，一定の要件を満たす顧客との契約に適用する。複数の契約であっても実質的に１つと考えられる場合は１つの契約とみなす。

2-3 契約の識別① : 契約の要件

■ 収益認識基準の適用要件

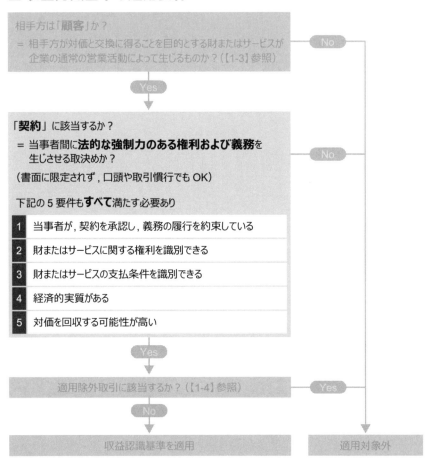

相手方は「**顧客**」か？
= 相手方が対価と交換に得ることを目的とする財またはサービスが
  企業の通常の営業活動によって生じるものか？（【1-3】参照）

No

Yes

「**契約**」に該当するか？

= 当事者間に**法的な強制力のある権利および義務**を
  生じさせる取決めか？

（書面に限定されず，口頭や取引慣行でも OK）

下記の 5 要件も**すべて**満たす必要あり

1	当事者が，契約を承認し，義務の履行を約束している
2	財またはサービスに関する権利を識別できる
3	財またはサービスの支払条件を識別できる
4	経済的実質がある
5	対価を回収する可能性が高い

No

Yes

適用除外取引に該当するか？（【1-4】参照）

Yes

No

収益認識基準を適用

適用対象外

- 契約とは,「当事者間に法的な強制力のある権利および義務を生じさせる取決め」であり,書面だけでなく,口頭,取引慣行等により成立することがある。
- 収益認識基準は5つの要件をすべて満たす顧客との契約に適用される。

収益認識基準の適用要件

　収益認識基準を適用するか否かを判断する際には,「顧客との契約」に該当するか否かを判断し,該当する場合にはそれらが適用除外の取引でないかを検討する必要がある(【1-3】,【1-4】参照)。

　ここで,「契約」とは,法的な強制力のある権利および義務を生じさせる複数の当事者間の取決めであり,書面だけでなく,口頭や取引慣行等により成立する場合もある。

　契約が強制可能な権利および義務を生じさせるものであり,収益認識基準の適用範囲の契約であるためには,下記の5つの要件を満たす必要がある。

(1)　当事者が,契約を承認し,義務の履行を約束している。

(2)　財またはサービスに関する権利を識別できる。

(3)　財またはサービスの支払条件を識別できる。

(4)　経済的実質がある。

(5)　対価を回収する可能性が高い。

　顧客との契約が,取引開始日において上記の要件を満たす場合には,事実および状況に重要な変化の兆候がない限り,その判断に関する見直しは行わない。

2-4 契約の識別②：完全に未履行の契約を一方的に解約できる場合の取扱い

■ 完全に未履行の契約を一方的に解約できる場合の取扱い

前提条件

- A社は顧客と2年間のサービス契約を締結している。
- 契約の当事者それぞれが，前月末までに告知すれば無償で解約が可能。
- 翌月のサービスに対する対価は受領済（前払い）。

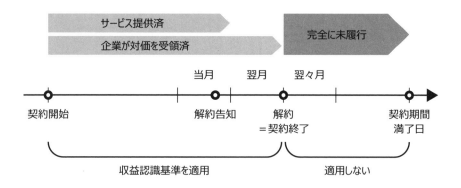

 仮に，顧客が当月末までに解約を申し出た場合，契約は翌月末に終了することになるため，翌月末までが収益認識基準の適用対象と考えられる。

- 契約の各当事者が，完全に未履行の契約を一方的に解約できる場合，その契約は収益認識基準を適用するための要件（【2-3】参照）を満たさない。
- 完全に未履行の契約を一方的に解約できる期間は，契約期間に含まれない。

完全に未履行の契約を一方的に解約できる場合の取扱い

収益認識基準は，契約の当事者のそれぞれが，他の当事者に違約金を支払ったりすることなく完全に未履行の契約を解約する一方的で強制力のある権利を有している契約には適用されない。

ここで，「完全に未履行の契約」とは，下記の(1)および(2)の両方を満たす契約である。

(1) 財またはサービスを顧客にまだ提供していない。

(2) 企業が対価を受け取っておらず，対価を受け取る権利も得ていない。

契約期間の判定への影響

契約期間は，取引価格の測定や配分，回収可能性の評価，返金不能の前払報酬に関する収益認識の時期，契約変更や重要な権利の識別といった場面で影響を及ぼす可能性があり，収益認識基準の適用上，重要である。契約に，完全に未履行の契約を一方的に解約できる期間が含まれている場合，収益認識基準に基づき会計処理を行うための契約期間が，契約上で明示されている期間よりも短くなることがある。

2-5 契約の識別③：契約が収益認識基準を 適用するための要件を満たさない場合

■ 契約が5つの要件を満たさない場合

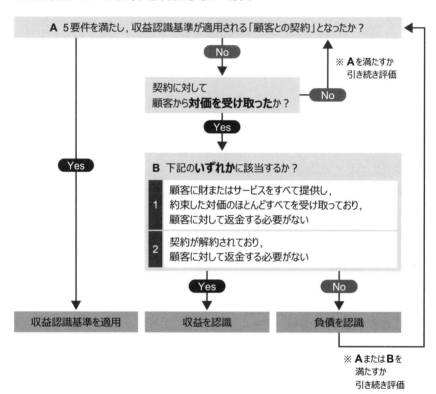

A 5要件を満たし，収益認識基準が適用される「顧客との契約」となったか？

No

※ **A**を満たすか
引き続き評価

No

契約に対して
顧客から**対価を受け取った**か？

Yes

Yes

B 下記の**いずれか**に該当するか？

| 1 | 顧客に財またはサービスをすべて提供し，約束した対価のほとんどすべてを受け取っており，顧客に対して返金する必要がない |
| 2 | 契約が解約されており，顧客に対して返金する必要がない |

Yes

No

収益認識基準を適用

収益を認識

負債を認識

※ **A**または**B**を
満たすか
引き続き評価

■ 契約が収益認識基準を適用するための要件（【2-3】参照）を満たさない場合で，その契約に関して顧客から対価を受け取った場合は，その契約について受け取った対価を負債として認識する。
■ ただし，一定の場合は，受け取った対価を収益として認識する。

この項目のポイント

契約が5つの要件を満たさない場合

顧客との契約が【2-3】の収益認識基準を適用するための5つの要件を満たさない場合は，この要件のすべてを満たすか否かについて引き続き評価し，顧客との契約がこの要件のすべてを満たしたときに収益認識基準を適用する。

顧客との契約が【2-3】の要件を満たさないが，その契約に関して顧客から対価を受け取った場合は，収益を認識するのではなく，将来における財またはサービスを提供する義務または対価を返金する義務として，負債を認識する。

ただし，下記の(1)または(2)のいずれかに該当する場合は，受け取った対価を収益として認識する。

(1) 顧客に財またはサービスをすべて提供し，約束した対価のほとんどすべてを受け取っており，顧客に対して返金する必要がないこと

(2) 契約が解約されており，顧客に対して返金する必要がないこと

2-6 契約の識別④：契約の結合

■ 契約の結合

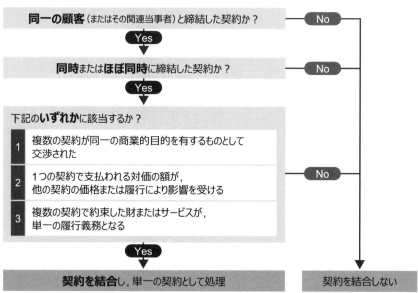

同一の顧客（またはその関連当事者）と締結した契約か？ ── No

Yes

同時または**ほぼ同時**に締結した契約か？ ── No

Yes

下記の**いずれか**に該当するか？

1	複数の契約が同一の商業的目的を有するものとして交渉された
2	1つの契約で支払われる対価の額が、他の契約の価格または履行により影響を受ける
3	複数の契約で約束した財またはサービスが、単一の履行義務となる

── No

Yes

契約を結合し，単一の契約として処理　　　　契約を結合しない

■ 契約を結合する意義

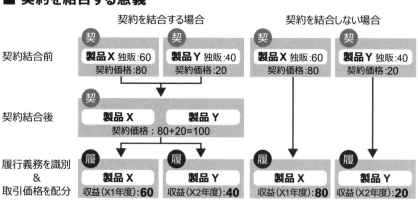

	契約を結合する場合		契約を結合しない場合	
契約結合前	契 **製品X** 独販:60 契約価格:80	契 **製品Y** 独販:40 契約価格:20	契 **製品X** 独販:60 契約価格:80	契 **製品Y** 独販:40 契約価格:20
契約結合後	契 **製品X** 契約価格：80+20=100	**製品Y**		
履行義務を識別 & 取引価格を配分	履 **製品X** 収益(X1年度):**60**	履 **製品Y** 収益(X2年度):**40**	履 **製品X** 収益(X1年度):**80**	履 **製品Y** 収益(X2年度):**20**

契約の結合

　わが国においては，工事契約および受注制作のソフトウェアに関する定めを除き，複数の契約の結合に関する一般的な定めはなかった。しかし，複数の契約が実質的には１つと考えられる場合，取引の実態を適切に反映する観点からは，それらを単一の契約とみなすことが適切な場合があると考えられる。また，契約内容によっては，複数の契約をそれぞれ別の契約として会計処理するか単一の契約として会計処理するかにより収益認識の時期および金額が異なる可能性がある。そこで，収益認識基準では，同一の顧客（またはその関連当事者※）と同時またはほぼ同時に締結した複数の契約が，左頁上図に記載のいずれかに該当する場合には，結合して単一の契約とみなして処理することとされている。

※関連当事者とは，企業会計基準第11号「関連当事者の開示に関する会計基準」に定める関連当事者をいう。

ほぼ同時か否か

　収益認識基準において「ほぼ同時」か否かを判断するための定めは示されていない。一般的にはビジネス慣行，契約が別々に文書化された理由，契約の交渉の経緯等も考慮しながら，総合的に検討することになると考えられる。

契約を結合する意義

　ステップ１で複数の契約を結合しても，ステップ２でそれぞれの契約が別個の履行義務に該当すると判断される場合には，会計単位の数自体は契約を結合してもしなくても同じになる。しかし，実務上は左頁下図のように，各契約書上の金額が契約上で約束している財またはサービスの独立販売価格と著しく異なる場合（例：一方の契約は大幅な値引きをするが，もう一方の契約でその分を回収することを約束している場合等）には，ステップ３で結合後の契約全体の取引価格を算定し，ステップ４でそれを独立販売価格の比率で配分する結果，各履行義務に配分される金額（すなわち，各履行義務の充足に応じて売上計上する金額）が契約書上の金額とは異なってくることが考えられる。

2-7 契約の識別⑤：契約変更

■ 契約変更の会計処理

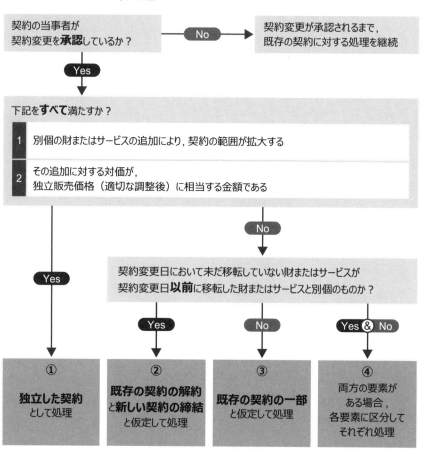

- 契約変更は，契約の当事者が承認した契約の範囲または価格（あるいはその両方）の変更である。
- 契約変更が一定の要件を満たすか否かにより，会計処理が異なる。

契約変更

契約変更は，契約の当事者が承認した契約の範囲または価格（あるいはその両方）の変更であり，契約の当事者が，契約の当事者の強制力のある権利および義務を新たに生じさせるまたは変化させる変更を承認した場合に生じる。この承認は，書面や口頭による場合もあれば，取引慣行により含意される場合もある。

なお，契約範囲を変更することは承認されたものの，それに対応する価格の変更について決定していない場合には，変動対価の見積りの方法（【2-15】参照）に従って，その契約変更による取引価格の変更を見積る。

独立した契約として処理する場合

契約変更が下記の要件の両方を満たす場合には，左頁図に示す①のとおり，既存の契約とは別の独立した契約として処理する。

(1) 別個の財またはサービスの追加により，契約の範囲が拡大する。

(2) 契約範囲の拡大により追加される対価が，その独立販売価格（適切な調整後※）に相当する金額である。

> ※例えば，企業が，類似の財またはサービスを新規顧客に販売する場合に生じるであろう販売費相当分を顧客に対して値引きする場合には，その値引きについて独立販売価格を調整することが考えられる。

独立した契約として処理しない場合

「契約変更日において未だ移転していない財またはサービス」が「契約変更日以前に移転した財またはサービス」と別個のものか否か，あるいは両方の要素があるかによって，左頁図に示す②～④の３つのいずれかにより処理する。

ステップ2：履行義務の識別

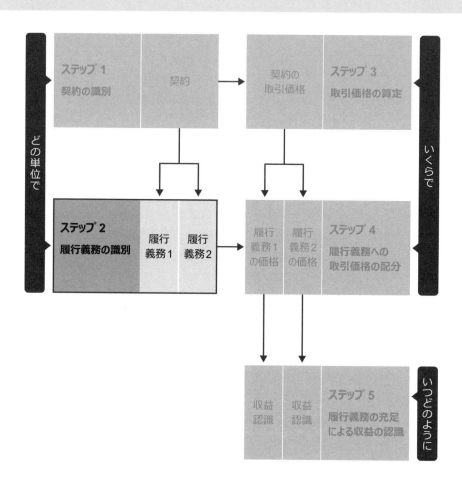

ステップ2：履行義務の識別（【2-8】～【2-12】参照）

契約において顧客に移転することを約束した財またはサービスが一定の要件を満たす場合には，別個の履行義務として識別する。収益認識基準においては，ここで識別した1つひとつの履行義務ごとに収益を認識する（すなわち，個々の履行義務が収益認識の単位となる）。

2-8　履行義務の識別①：履行義務の概要

■ 履行義務とは

以下のいずれかを顧客に移転する約束

別個の財またはサービス（【2-9】参照）

例：車の販売

一連の別個の財またはサービス（【2-12】参照）

例：日々の清掃サービス

全体で1つの履行義務

■ 履行義務となりうる別個の財またはサービスの例

収益認識に関する会計基準第129項の例示	具体例
（1）企業が製造した財の販売	メーカーが生産した製品
（2）企業が購入した財の再販売	小売業者が卸売業者から仕入れた商品
（3）企業が購入した財またはサービスに対する権利の再販売	旅行会社が本人として再販する航空券
（4）契約上合意した顧客のための作業の履行	受託した記帳代行サービス
（5）財またはサービスを提供できるように待機するサービスあるいは顧客が使用を決定した時に顧客が財またはサービスを使用できるようにするサービスの提供	• 利用可能となった時点で適用されるソフトウェアに対する不特定のアップデート • フィットネスクラブの利用契約
（6）財またはサービスが他の当事者によって顧客に提供されるように手配するサービスの提供	旅行業者が消費者の代理人として航空機のチケットを手配するサービス
（7）将来において顧客が再販売するまたはその顧客に提供することができる財またはサービスに対する権利の付与	小売業者を通じて最終消費者に製品を販売する企業による製品保証
（8）顧客に代わって行う資産の建設，製造または開発	ビルの建設
（9）ライセンスの供与	ソフトウェアライセンスの供与
（10）追加の財またはサービスを取得するオプションの付与	買物ポイントの付与

- 履行義務とは，契約に含まれる財またはサービスのうち，「別個の財または
  サービス」または「一連の別個の財またはサービス」をいう。
- 事実および状況により，契約で明示されていない財またはサービスが履行義
  務として識別されることもある。

履行義務とは

「履行義務」とは，企業が顧客に財またはサービスを提供する約束を一定の
単位でまとめたものであり，以下のいずれかに該当する場合に1つの独立した
履行義務となる。

(1)　別個の財またはサービスを顧客に移転する約束（【2-9】参照）（複数の
　　財またはサービスの束が別個となる場合もある）

(2)　一連の別個の財またはサービスを顧客に移転する約束（【2-12】参照）

例えば，左頁下表の例示のようなものは，履行義務となる可能性がある。

履行義務の識別における留意点

顧客との契約では，顧客に提供される財またはサービスが明示されることが
一般的であるが，契約締結時において，契約に明示されていなくても，企業の
取引慣行等により財またはサービスの移転について合理的な期待を顧客が有す
る場合には，その財またはサービスが履行義務として識別される可能性がある。

なお，契約を履行するための活動であっても，それによって財またはサービ
スが顧客に移転しない場合は，その活動は履行義務に該当しないため，留意が
必要である。

2-9 履行義務の識別②：「別個の財または サービス」であるか否かの判断

■ 別個の財またはサービスの要件

下記を**すべて**満たすか？

1	財またはサービスから単独で顧客が便益を享受できる，あるいは，財またはサービスと顧客が容易に利用できる他の資源を組み合わせて顧客が便益を享受できる ＝財またはサービスが**別個**のものとなる可能性がある （【2-10】参照）
2	財またはサービスを顧客に移転する約束が，契約に含まれる他の約束と区分して識別できる ＝財またはサービスを顧客に移転する約束が**契約**の観点において別個のものとなる （【2-11】参照）

Yes

別個の財またはサービス

■ 別個の財またはサービスの例

別個の財またはサービスの要件	機械装置の販売と据付作業 （通常，独立して販売されている，または同業他社も据付サービスを提供できる場合）
1 財またはサービスから単独で顧客が便益を享受できる，あるいは，財またはサービスと顧客が容易に利用できる他の資源を組み合わせて顧客が便益を享受できる ＝財またはサービスが別個のものとなる可能性がある	機械のみ購入した場合でも，他社の提供する据付サービスと組み合わせることにより，顧客は機械装置を使用可能 → Yes
2 財またはサービスを顧客に移転する約束が，契約に含まれる他の約束と区分して識別できる ＝財またはサービスを顧客に移転する約束が契約の観点において別個のものとなる	据付は特殊なものではなく，重要な統合サービスやカスタマイズ等はなく（【2-11】参照），契約において，機械の購入と据付サービスは区別して識別可能 → Yes

■ 契約において約束した財またはサービスが，別個のものかを評価するにあたっては，「財またはサービスが別個のものとなる可能性があること」と「財またはサービスを顧客に移転する約束が契約の観点において別個のものとなること」の両方を満たすかどうかを検討する。

この項目のポイント

別個の財またはサービスの要件

　顧客に約束した財またはサービスが別個であるか否かの判断は，下記の2つの要件に基づいて行い，これらを満たす場合，別個の財またはサービスとして1つの独立した履行義務となる。

| 要件1 | 財またはサービスから単独で顧客が便益を享受できること，あるいは，財またはサービスと顧客が容易に利用できる他の資源を組み合わせて顧客が便益を享受できること |

| 要件2 | 財またはサービスを顧客に移転する約束が，契約に含まれる他の約束と区分して識別できること |

　要件1は「財またはサービスが別個のものとなる可能性があること」，すなわち別個のものとなりうる性質を有しているかを問うための要件であり，要件2は「財またはサービスを顧客に移転する約束が契約の観点において別個のものとなること」，すなわち契約の中でも区別されているかを問うための要件である。

「別個のもの」である要件を満たさない場合

　履行義務は，複数の財またはサービスのまとまり（束）である場合もある。それぞれの約束した財またはサービスが上記の「別個の財またはサービスであることの要件」を満たさない場合は，別個となる単位までこれらの財またはサービスをまとめる。

履行義務の識別③：「別個の財または サービス」であるか否かを判断する際の 要件1

■ 別個の財またはサービスの要件（再掲）

下記を**すべて**満たすか？

1	財またはサービスから単独で顧客が便益を享受できる，あるいは，財またはサービスと顧客が容易に利用できる他の資源を組み合わせて顧客が便益を享受できる ＝ 財またはサービスが**別個**のものとなる可能性がある
2	財またはサービスを顧客に移転する約束が，契約に含まれる他の約束と区分して識別できる ＝ 財またはサービスを顧客に移転する約束が**契約**の観点において別個のものとなる

■「要件1：財またはサービスが別個のものとなる可能性がある」

例えば，以下に該当するか？

企業が…

- 通常独立して販売している

顧客が…

- 使用できる
- 消費できる
- 廃棄における回収額より高い金額で売却できる
- 経済的便益を生じさせるその他の方法により保有できる

Yes

要件1を満たす可能性がある

要件1の判断に係る検討のポイント

要件1では，「顧客が財またはサービスから単独で，または容易に利用できる他の資源と組み合わせて便益を享受できるか否か」を検討する。

ここで，「容易に利用できる」とは，企業または他の企業が独立して販売している資源や，顧客が企業または他の取引・事象からすでに獲得している資源のことをいう。顧客が単独で財またはサービスから便益を得られない場合には，この「容易に利用できる他の資源」の存在の有無がポイントとなる。

例えば，企業がその財またはサービスを通常独立して販売している場合は，要件1を満たす可能性がある。

また，上記以外にも，顧客が財またはサービスを使用，消費，あるいは廃棄における回収額より高い金額で売却できる場合や，経済的便益を生じさせるその他の方法により保有できる場合は，要件1を満たす可能性がある。

なお，これらの判定にあたっては，財またはサービス自体の特性に焦点を当てて検討を行う。そのため，たとえ契約上で顧客が企業以外の第三者から財またはサービスを獲得することを制限されていたとしても，その契約上の制限は，財またはサービス自体の特性ではないため，顧客が単独で便益を享受できるか否かの判定に際しては考慮しない。

2-11　履行義務の識別④：「別個の財または サービス」であるか否かを判断する際の 要件2

■ 別個の財またはサービスの要件（再掲）

下記を**すべて**満たすか？

1	財またはサービスから単独で顧客が便益を享受できる，あるいは，財またはサービスと顧客が容易に利用できる他の資源を組み合わせて顧客が便益を享受できる ＝ 財またはサービスが**別個**のものとなる可能性がある
2	財またはサービスを顧客に移転する約束が，契約に含まれる他の約束と区分して識別できる ＝ 財またはサービスを顧客に移転する約束が**契約**の観点において別個のものとなる

■「要件2：財またはサービスを顧客に移転する約束が契約の観点 において別個のものとなる」

例えば，以下の**いずれか**に該当するか？

1	財またはサービスをインプットとして使用し，アウトプットである財またはサービスの束に統合する重要なサービスを顧客に提供している
2	財またはサービスが契約における他の財またはサービスを著しく修正するまたは顧客仕様のものとする
3	財またはサービスの相互依存性または相互関連性が高く，その財またはサービスのそれぞれが，他の財またはサービスにより著しく影響を受ける

Yes

結合後のアウトプットを移転 ＝ 要件2を満たさない
＝ 区分して識別できない（別個の財またはサービスではない）

要件2の判断に係る検討のポイント

　要件2では，「財またはサービスを顧客に移転する約束が，契約に含まれる他の約束と区分して識別できるか」を検討する。この検討において企業は，契約における約束の性質が財またはサービスのそれぞれを個々に顧客に移転するものか，あるいは，それらの財またはサービスをインプットとして使用した結果生じる結合後のアウトプットを顧客に移転するものかを判断する。下記は，契約に含まれる財またはサービスのそれぞれが区分して識別できないことを示す要因の例示である。

(1) 財またはサービスをインプットとして使用し，アウトプットである財またはサービスの束に統合する重要なサービスを顧客に提供している。

(2) 財またはサービスが契約における他の財またはサービスを著しく修正するまたは顧客仕様のものとする。

(3) 財またはサービスの相互依存性または相互関連性が高く，財またはサービスのそれぞれが，他の財またはサービスにより著しく影響を受ける。

　これらに該当した場合には，要件2を満たさないことになり，その財またはサービスは「別個のもの」ではないと判断される可能性がある。

2-12 履行義務の識別⑤：「一連の別個の財またはサービス」であるか否かの判断

■ 一連の別個の財またはサービスの要件

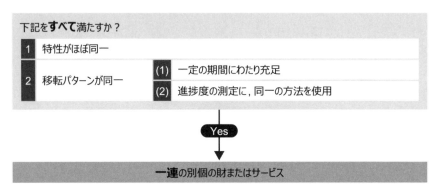

下記を**すべて**満たすか？

1	特性がほぼ同一		
2	移転パターンが同一	(1)	一定の期間にわたり充足
		(2)	進捗度の測定に，同一の方法を使用

Yes

一連の別個の財またはサービス

■ 一連の別個の財またはサービスの例

一連の別個の財またはサービスの要件			オフィスの日々の清掃サービス
1	特性がほぼ同一		日々提供されるサービスは「清掃」という同じサービス → Yes
2	移転パターンが同一	(1) 一定の期間にわたり充足	企業が清掃サービスを提供するにつれて顧客はその便益を享受するため，契約期間にわたり充足される履行義務である → Yes
		(2) 進捗度の測定に，同一の方法を使用	清掃サービスの進捗度は，契約期間にわたって，通常は経過期間に基づいて見積られることから進捗度の測定方法は同一と言える → Yes

- 契約の中に，特性がほぼ同一の複数の別個の財またはサービスが含まれており，それらの顧客への移転パターンが同一であるときには，それらを一連の別個の財またはサービスとして，単一の履行義務として取り扱う。

一連の別個の財またはサービスの要件

オフィスの清掃サービスや電力供給のように，契約の中に，特性がほぼ同一の複数の別個の財またはサービスが含まれており，それらの顧客への移転パターンが同一である場合は，それらを一連の別個の財またはサービスとして，単一の履行義務として取り扱う。

なお，顧客への移転パターンが同一とは，別個の財またはサービスのそれぞれについて，(1)一定の期間にわたり充足される要件を満たし（【2-27】参照），かつ，(2)進捗度の測定に，同一の方法が使用される場合をいう。

この定めが設けられた理由

この定めが設けられたのは，企業が一連の別個の財またはサービスを提供する場合の会計処理を容易にするためである。仮にこの定めがない場合，企業は，複数のほぼ同一の別個の財またはサービスの1つひとつを，それぞれ履行義務として識別し，それらに取引価格を配分したうえで履行義務が充足される時に収益を認識することが必要になる。

例えば，継続して反復的に実施される1年間の清掃サービス契約を考える。この場合，企業は，この清掃サービスの単位が何であるかについて検討する必要があり，また，契約の取引価格を清掃サービスのそれぞれの単位（例えば，1時間ごと）に配分し，以後の会計処理をその単位で行わなければならず，実務上の負担が高くなると考えられる。そこで，これらの一連の別個の財またはサービスをまとめて1つの履行義務として会計処理するようにし，取引価格の配分や履行義務の充足に関する検討の負担を軽減させるべく，この定めが設けられたのである。

前提条件 ···

- A社（建設会社）は，工場を建設する契約を顧客と締結した。A社は，この建設契約の全般的な管理責任を負っている。
- この契約には，設計，基礎工事，資材の調達，躯体の建設，配管と配線，内装工事および設備の据付けが含まれる。A社がこの契約を履行するために調達し提供するこれらの財またはサービスの多くは，A社または同業他社により，他の顧客に対して日常的に独立して提供されている。

問題 ···

履行義務の識別にあたり，A社は，契約に含まれる多くの財またはサービスを，それぞれ別個のものと判断すべきか。

解説 （【2-10】，【2-11】参照）···

- 別個の財またはサービスであるための要件1の検討

前提条件によれば，顧客に移転される財またはサービスの多くは，A社または同業他社により，他の顧客に対して日常的に独立して提供されているものである。したがって，顧客はこれらの財またはサービスから単独であるいは顧客が容易に利用できる他の資源と組み合わせて便益を享受することができると判断される。

- 別個の財またはサービスであるための要件2の検討

顧客との約束の内容を考えた場合，工場の建設は前提条件で列挙されている

ようなさまざまな財やサービスを1つひとつ移転することを約束しているのではないと考えられる。また，前提条件より，A社は工場の建設の全般的な管理責任を負っていることから，A社は財またはサービス（インプット）を顧客が契約した目的である工場（結合後のアウトプット）に統合する重要なサービスを提供していると考えられる。したがって，この契約において，個々の財またはサービスを移転する約束は，契約に含まれる他の約束と区分して識別できないと判断される。

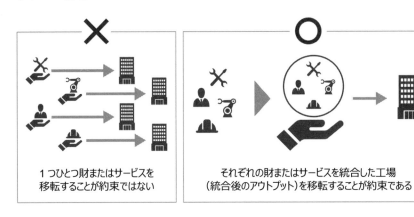

1つひとつ財またはサービスを
移転することが約束ではない

それぞれの財またはサービスを統合した工場
（統合後のアウトプット）を移転することが約束である

結論 ⋯⋯⋯⋯⋯⋯⋯⋯⋯⋯⋯⋯⋯⋯⋯⋯⋯⋯⋯⋯⋯⋯⋯⋯⋯⋯⋯⋯⋯⋯⋯⋯⋯⋯⋯⋯⋯⋯⋯

　上記のとおり，別個の履行義務であるために満たすべき2つの要件の両方が満たされるわけではないため，工場の建設契約に含まれる財またはサービスのそれぞれは別個のものではなく，それらのすべてをまとめて単一の履行義務として取り扱うと判断される。

	別個の財またはサービスの要件（【2-9】参照）	判定
1	財またはサービスが別個のものとなる可能性がある	Yes
2	財またはサービスを顧客に移転する約束が契約の観点において別個のものとなる	No

ステップ3：取引価格の算定

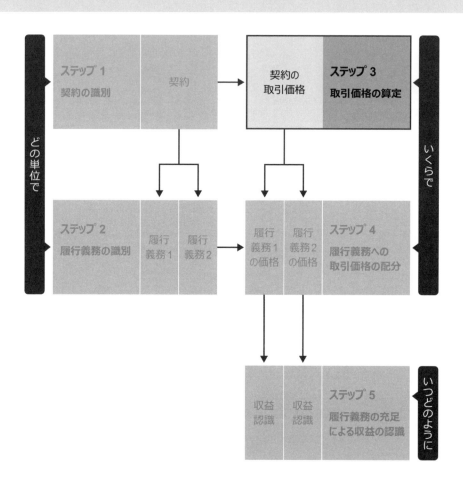

ステップ3：取引価格の算定（【2-13】～【2-21】参照）

顧客に移転する財またはサービスと交換に企業が権利を得ると見込む対価の額（これを「取引価格」という）を算定する。

2-13 取引価格の算定①：取引価格の定義

■ 取引価格とは

取引価格

＝ 企業が権利を得ると見込む対価の額

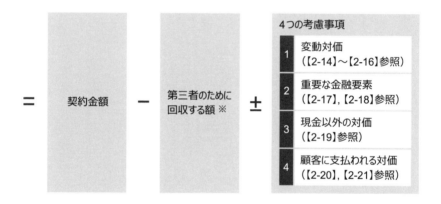

※ 例：消費税（国や都道府県に納付するために顧客から回収）
　　その他，たばこ税，揮発油税，酒税等の売上税についても，それぞれ第三者のために回収する額か否かを要検討

この項目のポイント

■ 取引価格とは，財またはサービスの顧客への移転と交換に企業が権利を得ると見込む対価の額である。
■ 取引価格には，第三者のために回収する額は含まれない。
■ 取引価格の算定に際しては，変動対価，重要な金融要素，現金以外の対価，顧客に支払われる対価の影響を検討する必要がある。

取引価格とは

取引価格とは，財またはサービスの顧客への移転と交換に企業が権利を得ると見込む対価の額（ただし，第三者のために回収する額を除く）であり，契約条件や取引慣行等を考慮して算定する。

取引価格を算定する際には，4つの考慮事項（変動対価，重要な金融要素，現金以外の対価，顧客に支払われる対価）の影響を検討する必要がある。

なお，取引価格の算定に際しては，契約の取消，変更等はないものと仮定する。

取引価格の算定に係る留意点

第三者のために回収する額を収益として計上しない点は，従来の実務には定めがなく，実務上，考慮していない可能性もあるが，今後は基準の要求事項として検討が必要となるため留意が必要である。例えば，消費税については，従来は税込方式も認められたが，消費税は，第三者である国や都道府県に納付するために顧客から回収する金額に該当することから，取引価格には含まれない。その他，たばこ税，揮発油税，酒税等の売上税については，それが第三者のために回収する額か否かを検討する必要がある。

4つの考慮事項に留意して取引価格を算定した結果，取引価格が契約上の金額と一致しない場合もある。また，取引価格の見積りには重要な判断が必要となる可能性がある。これらについては，次頁以降で解説する。

2-14 取引価格の算定②： 変動対価（変動対価の概要）

■ 変動対価とは

契約上の対価	最終的に企業が受け取る対価の額が変動する可能性のある部分 =**変動対価** 例 ・ 仮価格取引 ・ 契約締結後の交渉等による値引き ・ リベート ・ 返金 ・ 業績連動の割増金 ・ ペナルティー ・ 返品権付き販売
	上記以外 ＝ 固定対価

■ 返金が見込まれる場合

顧客から受領する対価の一部あるいは全部の
返金が見込まれるか？

Yes

返金が見込まれる額について**返金負債**を認識する

- 変動対価とは，契約上の対価のうち変動する可能性のある部分をいう。
- 契約に変動対価が含まれる場合は，合理的に入手できる情報を利用してその変動対価を見積る必要がある。

変動対価とは

変動対価とは，契約上の対価のうち変動する可能性のある部分をいう。契約上の対価に変動対価が含まれる場合は，顧客に移転した財またはサービスと交換に企業が権利を得ると見込む対価の額を見積る。その見積りに際しては，企業は合理的に入手できる情報を考慮し，発生しうる対価のシナリオを検討する。

変動対価の例

変動対価が含まれる取引の例として，仮価格取引，契約締結後の交渉等による値引き，リベート，返金，業績連動の割増金，ペナルティー等により対価が変動する場合や，返品権付きの販売等がある。

変動対価は，契約条件に明示されている場合もあれば，下記の(1)または(2)のように明示されていない場合もある。

(1) 企業の取引慣行や公表方針等により，契約上の対価よりも値引きされるとの妥当な期待が顧客にある。

(2) 顧客との契約締結時に，企業に値引きの意思がある。

返金が見込まれる場合

顧客から受領する対価の一部あるいは全部の返金が見込まれる場合は，その対価のうち，返金が見込まれる額について返金負債を認識する。

2-15 取引価格の算定③：変動対価（見積りの方法）

■ 変動対価の見積方法

	最頻値法	期待値法
方法	最も可能性の高い単一の金額により見積る	発生しうるシナリオ別の対価をそれぞれの発生確率で加重平均して見積る
適する場合の例	生じる結果が2つしかない	特性の類似した同種の契約が多数ある

算定例	発生確率	金額		発生確率	金額
	80%	成功報酬 100		20%	100
				50%	120
	20%	失敗 → 報酬ゼロ		30%	140

最頻値 100

期待値

100×20%＋120×50%
＋140×30%＝122

- 変動対価は最頻値法または期待値法のうち，企業が権利を得ることとなる対価の額をより適切に予測できるいずれかの方法を用いて見積る。

変動対価の見積方法

　変動対価は，最頻値法または期待値法のうち，いずれか企業が権利を得ることとなる対価の額をより適切に予測できる方法を用いて見積る。選択した方法は，契約全体を通じて首尾一貫して適用する。なお，これらの見積りは，各決算日に見直す。

最頻値法

　最頻値法とは，最も可能性の高い単一の金額により見積る方法である。

　最頻値法は，例えば，成功報酬の条件を達成するか否かのいずれかである場合のように，生じうる結果が2つしかないようなケースにおいて，適切な見積りとなる可能性がある。

期待値法

　期待値法とは，発生しうるシナリオ別の対価の額をそれぞれの発生確率で加重平均して見積る方法である。期待値法は，例えば，返品権付きの販売における取引価格を見積る場合のように，特性の類似した同種の契約が多数ある場合に，適切な見積りとなる可能性がある。

　ただし，実務上，企業が，考えうるすべてのシナリオを想定することを求める場合には，企業の負担が過度に大きくなると考えられる。この点，一定数のシナリオおよびその確率が入手できれば，変動対価の額を合理的に見積ることができることが多いと思われるため，期待値法による見積りに際しては，多くのシナリオが想定できる場合であっても，複雑なモデルを用いてすべてのシナリオを想定することまでは要求されていない。

2-16 取引価格の算定④：変動対価（見積りの制限）

■ 変動対価の見積りの制限

契約上の対価	変動対価	収益の著しい減額とならない可能性が高い部分	○
		上記以外	×
	固定対価		○

※ 「可能性が高い」は，IFRS における "highly probable" と同程度であり，例えば，右頁の5つの要因を考慮して判断する。

■ 収益の減額の程度が著しいか否かの判断

単一の履行義務に固定対価と変動対価の両方が含まれる場合

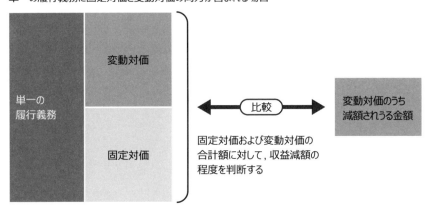

固定対価および変動対価の合計額に対して，収益減額の程度を判断する

> ■ 変動対価の見積りに際しては，変動対価が事後的に確定するときに，すでに計上された収益の著しい減額が発生しない可能性が高い部分を見積り，その範囲で収益計上する必要がある。

変動対価の見積りの制限

変動対価は，それが事後的に確定した際に，すでに計上された収益の著しい減額が発生しない可能性が高い部分に限って収益計上される。なお，この「可能性が高い」は，IFRS における "highly probable" と同程度をいう。変動対価は見積りであり，最終的に確定した金額が見積額を下回る場合も考えられることから，収益認識基準では，この制限規定により，変動対価に不確実性が高すぎる部分が含まれることを防止している。

制限の考慮要因

変動対価の収益計上額の制限にあたっては，実務上は状況に応じた判断が必要であり，どの程度制限をかけるべきか判断が難しいケースもありうる。具体的には収益が減額される確率および減少額を考慮することになり，例えば，下記の5つの要因を考慮する。

(1) 市場変動または第三者の判断・行動等の企業の影響が及ばない要因があるか。

(2) 変動対価の確定が長期間にわたると見込まれるか。

(3) 同種契約の過去実績が限定的，または過去実績に基づく将来予測が困難か。

(4) 同種契約に，幅広く値引きまたは支払条件変更の慣行があるか。

(5) 発生しうる変動対価が多く存在し，かつ，その金額の幅が広いか。

なお，収益の減額の程度が著しいか否かは，ある履行義務について計上した収益の累計額との比較で判断する。そのため，単一の履行義務に固定対価と変動対価の両方が含まれる場合には，変動対価の減額しうる金額を，固定対価および変動対価の合計額と比較することにより，収益の減額の程度が著しいか否かを判断する。

2-17 取引価格の算定⑤：重要な金融要素

■ 重要な金融要素（前払いの場合）

前提条件
- A社は, 製品Xを100で販売する契約をB社と締結した。
- B社は, 契約締結時に対価100を前払いした。（A社にとっては前受）
- 売上の計上時期は2年後である。
- 金利は年率5%とする。

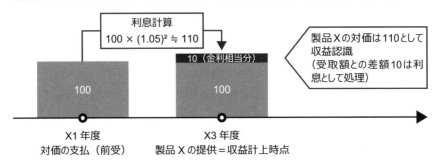

利息計算
$$100 \times (1.05)^2 \fallingdotseq 110$$

製品Xの対価は110として収益認識
（受取額との差額10は利息として処理）

10（金利相当分）

100　　　　　100

X1年度　　　　　　　　　　X3年度
対価の支払（前受）　　製品Xの提供＝収益計上時点

■ 重要な金融要素（後払いの場合）

前提条件
- B社は, 対価100を製品Xを受け取った2年後に支払う。（A社にとっては後受）

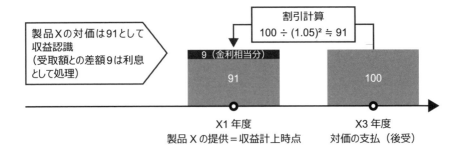

割引計算
$$100 \div (1.05)^2 \fallingdotseq 91$$

製品Xの対価は91として収益認識
（受取額との差額9は利息として処理）

9（金利相当分）

91　　　　　100

X1年度　　　　　　　　　　X3年度
製品Xの提供＝収益計上時点　　対価の支払（後受）

■ 契約に重要な金融要素が含まれる場合，現金販売価格で収益が計上されるように，金利相当分の影響を調整する必要がある。

重要な金融要素がある場合の収益計上額

「重要な金融要素」が含まれる場合とは，財またはサービスの移転の時期と支払時期が異なることにより，金利相当分に係る重要な便益が顧客または企業に提供される場合をいう。顧客との契約に重要な金融要素が含まれる場合は，収益計上額の算定にあたり，金利相当分の影響を調整し，財またはサービスの現金販売価格で収益を認識し，収益計上額と受け取る対価の差額は利息として会計処理する。

なお，金利相当分の調整に際しては，契約の取引開始日において顧客が企業に融資する（前払いの場合）または企業が顧客に融資する（後払いの場合）と仮定した場合に適用されるであろう割引率を用いる。これは，支払額の現在価値が，現金販売価格と等しくなるような割引率である。

容認規定

取引開始日において，財またはサービスの移転の時期と支払時期の間が１年以内であると見込まれる場合には，金利相当分を調整しないことができる。また，金融要素の影響が重要であるか否かの判断は，契約単位で行うものとし，個々の契約単位で重要性に乏しい場合には，それらの影響を集計した場合に重要性があるとしても，金利相当分の調整は行わない。

2-18 取引価格の算定⑥：
重要な金融要素を含まないと判断される取引

■ 重要な金融要素を含まないと判断される取引

下記の**いずれか**を満たすか？

1	顧客が前払いを行い，かつ顧客の裁量により財またはサービスの移転時期が決まる場合
2	対価の相当な部分について， 金額または時期が，顧客または企業がコントロールできない将来事象により変動する場合
3	支払額と現金販売価格との差額が，信用供与以外の理由で生じ， その理由に基づく金額である場合

Yes

重要な金融要素を**含まない**

■ 重要な金融要素を含まないと判断される例

重要な金融要素を含まないと判断される要件	該当する例
1　顧客が前払いを行い，かつ顧客の裁量により財またはサービスの移転時期が決まる場合	プリペイドカード： プリペイドカード購入時に前払いしているが，いつ使用するかは顧客の裁量である
2　対価の相当な部分について，金額または時期が，顧客または企業がコントロールできない将来事象により変動する場合	顧客の売上に連動する 医薬品ライセンスのロイヤルティ： ロイヤルティは顧客の売上に連動するが，顧客の売上はコントロールできない
3　支払額と現金販売価格との差額が，信用供与以外の理由で生じ，その理由に基づく金額である場合	工事の完成を保証させる目的の留保金： 工事完成を保証させる目的の支払留保であり，信用供与目的ではない

重要な金融要素の有無の判断

重要な金融要素は，契約に明記されているか否かにかかわらず，存在する可能性がある。

重要な金融要素の有無の判断にあたっては，下記の(1)，(2)およびその他の状況を総合的に勘案する。

(1) 支払額と現金販売価格との差額

(2) 財またはサービスの移転の時期と支払時期との間の長さ，および市場金利の水準

重要な金融要素を含まないと判断される取引

下記の(1)〜(3)のいずれかに該当する場合には，顧客との契約に重要な金融要素は含まれていないと判断されるため，金利相当分を調整する必要はない。

(1) 顧客が前払いを行い，かつ顧客の裁量により財またはサービスの移転時期が決まる場合

(2) 対価の相当部分について，金額または時期が，顧客または企業がコントロールできない将来事象により変動する場合

(3) 支払額と現金販売価格との差額が，信用供与以外の理由で生じ，その理由に基づく金額である場合

なお，顧客との契約に重要な金融要素が含まれているか否かによって会計処理が異なるため，取引を慎重に検討することが必要である。

2-19 取引価格の算定⑦：現金以外の対価

■ 対価が現金以外である場合の取引価格の算定方法

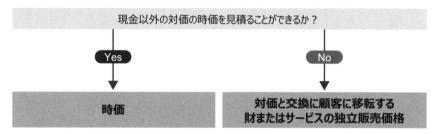

現金以外の対価の時価を見積ることができるか？

Yes → 時価

No → 対価と交換に顧客に移転する財またはサービスの独立販売価格

■ 時価変動の要因による会計処理の違い（株式を受け取る場合の例）

企業 ← 財またはサービス → 顧客

顧客株式 ※（対価として受領）

企業　　　　　　　　　　　　　　　　　　　顧客

※ 受領する株式数は所定の目標値の達成度合いに応じて変動する。（＝成功報酬）

対価の変動要因	株価の変動	受領する株式数の変動
会計上の位置づけ	対価の種類による変動（＝変動対価ではない）	変動対価
会計処理	取引価格を算定した時点以降の株価の変動は，取引価格に反映しない	収益の著しい減額が発生しない可能性が高い部分に限って収益を計上する

対価が現金以外である場合の取引価格の算定方法

実務上，財またはサービスの対価として，株式や固定資産等の現金以外の対価を受領する場合もありうる。現金以外の対価を受領する場合には，その対価の時価により取引価格を算定する。例えば，対価を上場株式で受領した場合は，その株式の時価評価額に基づき取引価格を算定する。

しかし，現金以外の対価の時価を常に把握できるとは限らず，時価を合理的に見積ることができない対価を受け取る場合も想定される。その場合には，対価と交換に顧客に移転する財またはサービスの独立販売価格に基づき取引価格を算定することになる。

なお，時価の測定時点について明文規定はない。実務的には，契約締結時，履行義務の充足時（収益計上時）などにおいて時価を測定することが考えられる。

時価変動の要因による会計処理の違い

対価の時価変動の理由が，株価の変動等の対価の種類によるものだけではない場合には，金額の確定時までに計上された収益の著しい減額が発生しない可能性が高い部分に限って収益を計上する。例えば，企業が顧客から対価として上場株式を受領するが，受領する株式数が所定の目標値の達成度合いに応じて変動する場合等が考えられる。

顧客からの材料や労働の支給

契約の履行を支援するために，顧客が企業に材料，設備または労働等の財またはサービスを提供し，かつ，企業がそれらの支配を獲得する場合には，その財またはサービスは現金以外の対価に該当することになる。

2-20 取引価格の算定⑧：顧客に支払われる対価

■ 通常の対価

■ 顧客に支払われる対価

① リベート等として対価を支払う場合

② 仕入先から受領する別個の財またはサービスに対する支払の場合

📢 ①と②のどちらに該当するかで会計処理が異なるため、慎重な検討が必要（【2-21】参照）

■ 顧客に支払われる対価の範囲

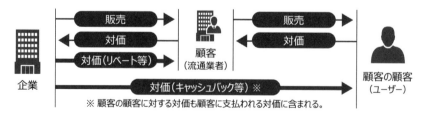

※ 顧客の顧客に対する対価も顧客に支払われる対価に含まれる。

顧客に支払われる対価

　実務上，企業が顧客に現金または企業への支払に充当できるクーポン等，何らかの対価を支払う場合がある。このような顧客に支払われる対価は，原則として，取引価格から減額する（すなわち，収益の額から控除する）。ただし，顧客から何らかの財またはサービスを購入し，その対価として顧客（仕入先）に支払う場合は除く。

　顧客に支払われる対価としては，リベートや棚代，チラシ広告代等，業界によってさまざまなものが考えられる。次頁で説明するとおり，顧客から何らかの財またはサービスを購入し，その対価として支払っているか否かにより，会計処理が異なるため，顧客に支払われる対価がある場合には，それがどのような内容のものであるかを慎重に検討する必要がある。

顧客に支払われる対価の範囲

　例えば企業が流通業者に製品を販売し，その後にその流通業者の顧客に企業がキャッシュバック等の支払を行うケースも想定される。顧客に支払われる対価には，このような，企業の財またはサービスを購入する他の当事者（顧客の顧客）に対する支払も含まれる。

2-21 取引価格の算定⑨：顧客に支払われる対価の会計処理

■ 顧客に支払われる対価の処理

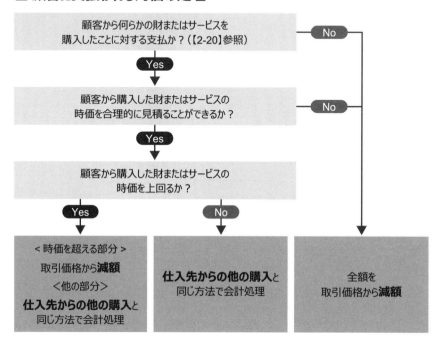

■ 顧客に支払われる対価は，原則として取引価格から減額する（収益の額から
控除する）が，顧客から何らかの財またはサービスを購入し，その対価とし
て支払う場合は，仕入先からの他の購入と同様の方法で会計処理する。

顧客に支払われる対価の処理

　顧客に支払われる対価は，(1)または(2)のいずれか遅い時点で収益の額から控
除する。

(1)　収益を認識した時点

(2)　企業が対価を支払うかまたは支払を約束した時点

　なお，顧客に支払われる対価に変動対価が存在する場合には，変動対価の一
般的な定め（【2-14】～【2-16】参照）に従い会計処理する。

顧客から何らかの財またはサービスを購入し，その対価として支払う場合

　顧客に支払われる対価が，顧客から財またはサービスを購入し，その対価と
して支払うものである場合には，仕入先からの他の購入と同様の方法で会計処
理する。ただし，その購入した財またはサービスの時価を合理的に見積ること
ができない場合は，全額を収益の額から控除する。

　また，顧客への支払額が顧客から購入した財またはサービスの時価を超える
場合には，その超過額については収益の額から控除する。

ステップ４：履行義務への取引価格の配分

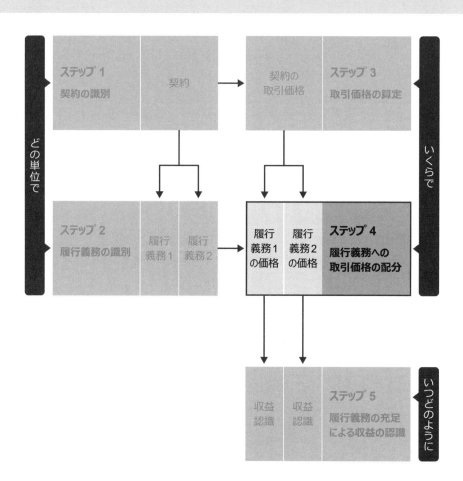

ステップ4：履行義務への取引価格の配分（【2-22】～【2-25】参照）

取引価格を個々の履行義務にそれぞれの独立販売価格の比率に基づいて配分する。独立販売価格が直接観察可能でない場合は見積ることが必要となる。

2-22 履行義務への取引価格の配分①：独立販売価格による取引価格の配分

■ 独立販売価格による取引価格の配分

前提条件

- A社は，製品XとサービスYを合わせて450で提供する契約をB社と締結した。
- 独立販売価格（単独で販売する場合の価格）は製品X：300，サービスY：200である。
- 製品XとサービスYは，それぞれ別個の履行義務とする。

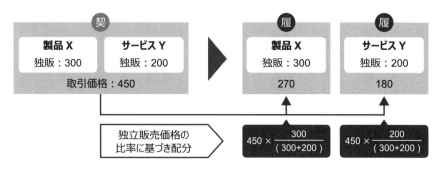

※ 独販：独立販売価格

■ 独立販売価格の算定方法

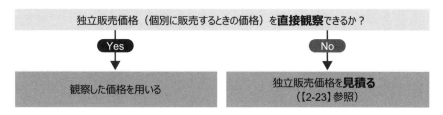

■ 契約に複数の履行義務が含まれている場合には，各履行義務の基礎となる財またはサービスの，取引開始日時点における独立販売価格の比率に基づき，取引価格を各履行義務に配分する。
■ 独立販売価格（財またはサービスを独立して顧客に販売する場合の価格）が直接観察可能な場合は，その価格を用いて取引価格を配分するが，直接観察可能でない場合は，独立販売価格の見積りが必要となる。

独立販売価格による取引価格の配分

　独立販売価格とは，財またはサービスを独立して顧客に販売する場合の価格をいう。

　契約に複数の履行義務が含まれている場合には，契約全体の取引価格をそれぞれの履行義務に配分する必要がある。取引価格の配分は，財またはサービスの顧客への移転と交換に企業が得る対価を反映するように行う必要があり，具体的には，各履行義務の基礎となる財またはサービスの，取引開始日時点における独立販売価格の比率に基づいて行う。財またはサービスの独立販売価格は，取引開始日後に変動しうるが，この変動については取引価格の再配分は行わない。

　なお，契約上の価格に変動対価が含まれる場合等の取引価格の履行義務への配分については，【2-24】以降で解説する。

独立販売価格の算定方法

　企業が同様の状況において類似顧客に財またはサービスを販売する場合の価格が直接観察できる場合には，その価格を用いて取引対価を配分する。契約上の価格や定価，プライスリスト等は，通常その価格で販売している場合には独立販売価格と一致すると考えられるが，それらを出発点として交渉の結果，販売価格が決定されている場合には必ずしも独立販売価格となるわけではないことに留意が必要である。

　なお，独立販売価格が直接観察可能ではない場合は，独立販売価格を見積る必要がある（【2-23】参照）。

2-23 履行義務への取引価格の配分②：独立販売価格の見積方法

■ 独立販売価格の見積方法

例1：調整した市場評価アプローチ

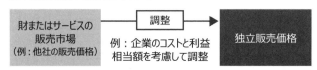

例2：予想コストに利益相当額を加算するアプローチ

例3：残余アプローチ

■ 残余アプローチの利用要件

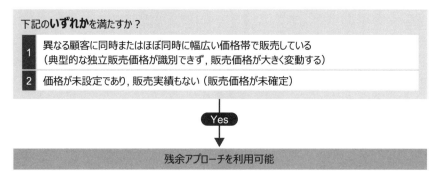

！
こ
の
項
目
の
ポ
イ
ン
ト

■ 独立販売価格を見積る方法として，調整した市場評価アプローチ，予想コストに利益相当額を加算するアプローチ，残余アプローチが例示されている。

独立販売価格の見積方法

　独立販売価格が直接観察できない場合は，市場の動向，企業が置かれた状況，顧客の状況等の情報を考慮して，独立販売価格を見積る必要がある。

　収益認識基準では，独立販売価格の見積方法として下記の３つの方法が例示されている。

(1)　調整した市場評価アプローチ

　財またはサービスの販売市場を評価して，顧客が支払うと見込まれる価格を見積る方法である。

(2)　予想コストに利益相当額を加算するアプローチ

　予想コストに適切な利益相当額を加えて見積る方法である。

(3)　残余アプローチ

　契約上の取引価格総額から，同一契約に含まれる他の財またはサービスの観察可能な独立販売価格を控除して独立販売価格を見積る方法である。ただし，この方法は，下記の①または②のいずれかに該当する場合にのみ利用できる限定的な方法である。

　　①　異なる顧客に同時またはほぼ同時に幅広い価格帯で販売している（典型的な独立販売価格が識別できず，販売価格が大きく変動する）。

　　②　価格が未設定であり，販売実績もない（販売価格が未確定）。

2-24 履行義務への取引価格の配分③：値引きおよび変動対価の配分

■ 原則（すべての履行義務に比例配分する場合）

前提条件

- A社は, 製品X, Y, Zを合わせて240で提供する契約をB社と締結した。
- 独立販売価格は, 製品X：70, 製品Y：120, 製品Z：90である。
  → 値引き分は（70+120+90）−240=40
- 製品X, Y, Zは, それぞれ別個の履行義務とする。

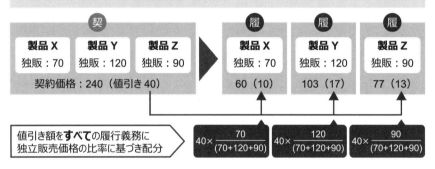

■ 例外（特定の履行義務に帰属させる場合）

前提条件（追加）

- 通常, 製品Yと製品Zをセットで170で販売している。
  → 製品Yと製品Zの値引き分は（120+90）−170=40 → 全体の値引き分と等しい

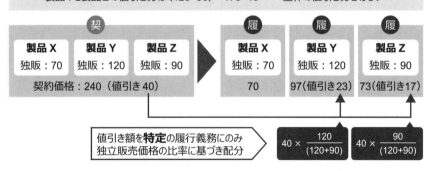

値引きの配分

　契約に含まれる財またはサービスの独立販売価格の合計がその契約の取引価格を超える場合には，その差額を顧客に対する値引きと考えて，その値引額を，契約に含まれるすべての履行義務に対して独立販売価格に基づき比例配分する。ただし，下記の3つの要件のすべてを満たす場合は，その値引きが帰属する履行義務に配分する。

(1) 契約に含まれる財またはサービス（あるいは別個の財またはサービスの組み合わせ）のそれぞれを，通常，単独で販売していること

(2) それらの財またはサービスのうちの一部を組み合わせにしたものについて，通常，それらの独立販売価格から値引きして販売していること

(3) (2)における財またはサービスの組み合わせに対する値引きが，その契約の値引きとほぼ同額であり，その契約の値引き全体がどの履行義務に対するものかについて観察可能な証拠があること

変動対価の配分

　取引価格は，各履行義務の基礎となる財またはサービスの独立販売価格に基づいて配分されることから，変動対価についても，原則として，各履行義務の基礎となる財またはサービスの独立販売価格に基づき各履行義務に比例的に配分することとなる。

　ただし，下記の2つの要件の両方を満たす場合は，変動対価をそれが帰属する履行義務（あるいは財またはサービス）に配分する。

(1) 変動対価の条件が，特定の履行義務（もしくは財またはサービス）に個別に関連していること

(2) 変動対価を特定の履行義務（もしくは財またはサービス）に配分することが，契約上の履行義務および支払条件を考慮する場合に，契約において企業が権利を得ると見込む対価の額を表すこと

2-25 履行義務への取引価格の配分④：取引価格の事後変動

■ 取引価格が変動した場合の処理

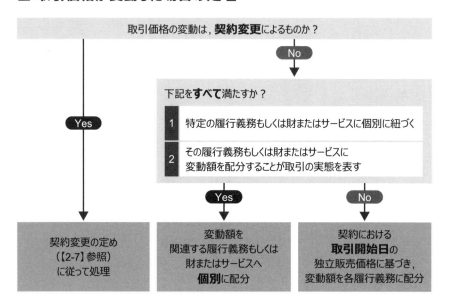

取引価格が変動した場合の処理

取引価格は，契約における取引開始日後，契約条件の達成または未達成の確定や，その他の状況変化等，さまざまな理由で変動することがある。

取引価格が事後的に変動した場合は，その変動額を契約における取引開始日の独立販売価格に基づき各履行義務に配分する。ここで，取引価格の変動額の配分に用いる独立販売価格は「取引開始日における独立販売価格」であり，取引価格の変動があった時点での独立販売価格ではない点に留意する必要がある。

なお，取引価格の事後的な変動のうち，すでに収益を認識した履行義務に対する配分額については，取引価格が変動した期の収益の額に反映する。

ただし，取引価格の変動条件が，特定の履行義務もしくは財またはサービスに個別に紐づくものであり，かつ，その履行義務もしくは財またはサービスに変動額を配分することが取引の実態を表す場合には，事後的な変動額を関連する履行義務もしくは財またはサービスに対して，個別に配分する。

契約変更によって生じる取引価格の変動の場合

契約変更によって生じる取引価格の変動については，収益認識基準の契約変更の定めに従い会計処理する。契約変更によって生じる取引価格の変動が，契約変更の前に約束された変動対価の額に起因し，その契約変更を「既存の契約の解約と新しい契約の締結」として取り扱う場合は，取引価格の変動額を契約変更前に識別した履行義務に配分する。その契約変更を，「既存の契約の一部」として取り扱う場合は，取引価格の変動額を契約変更時に未だ充足されていない履行義務に配分する。

例題 2 履行義務への取引価格の配分： 取引価格が変動した場合の会計処理

前提条件

- 契約（X1年度期首に締結）の取引価格は100であり，契約にはXとYの2つの履行義務が含まれている。
- 契約締結時点の独立販売価格は，履行義務X：40，Y：60であるため，取引価格を履行義務Xに40，履行義務Yに60配分する。
- 履行義務XはX1年度の一時点で収益認識され，履行義務YはX1年度からX3年度の3年間にわたって20ずつ収益認識される。
- 対価はX1年度において支払われるが，金融要素は存在しないと仮定する。
- X2年度の期首において取引価格が20増加したため，これを現金で受け取った。その時点の独立販売価格は，履行義務X：50，Y：80である。
- 取引価格の変動は，契約変更によるものではなく，また，企業は，取引価格の変動をXとYの両方の履行義務に配分すべきと判断したとする。

問題

取引価格の変動はどのように履行義務に配分され，収益認識されるべきか。

解説 （【2-25】参照）

取引価格の事後的な変動は，取引開始日の独立販売価格に基づき配分する。

X2年度期首（取引価格変動）

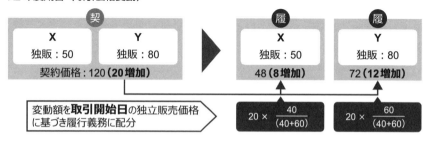

取引価格が変動した時点で，履行義務Xはすでに充足されているため，取引価格の変動のうち履行義務Xに配分される8をこの時点（X2年度）で収益認識する。一方で，履行義務Yに配分される12は3年間の履行義務の充足に応じて収益認識されるが，X1年度分はすでに充足されているため，これに係る4も取引価格が変動した時点（X2年度）で収益認識する。

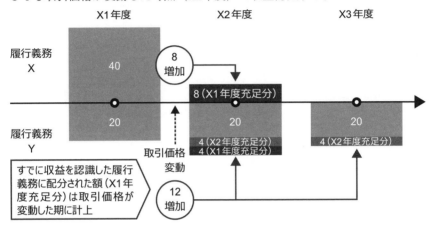

結論（単位：円）

　取引価格の変動は，契約における取引開始日の独立販売価格に基づき履行義務に配分されたのち，以下の仕訳によってそれぞれの期に収益認識される。

■X1年度

（借）現　　　　　金	100	（貸）売　　上　　高	(＊1)60
		契　約　負　債	40

（＊1）履行義務Xの充足額40＋履行義務Yの充足額（X1年度分）20

■X2年度

（借）現　　　　　金	20	（貸）売　　上　　高	(＊2)36
契　約　負　債	(＊3)16		

（＊2）X2年度に充足された額24（履行義務Yの当初配分額：20，変動額の配分額：4）＋X1年度に充足された履行義務に係る変動額12（履行義務X：8，履行義務Y：4）

（＊3）X1年度末の契約負債40－X2年度末の契約負債24（X3年度に充足予定である履行義務Yの当初配分額：20，変動額の配分額：4）

■X3年度

（借）契　約　負　債	24	（貸）売　　上　　高	(＊4)24

（＊4）X3年度に充足された額24（履行義務Yの当初配分額：20，変動額の配分額：4）

ステップ5：履行義務の充足による収益の認識

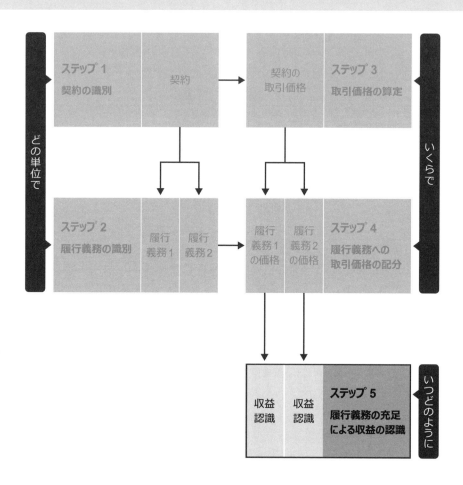

ステップ5：履行義務の充足による収益の認識（【2-26】～【2-29】参照）

履行義務が，一時点で充足されるか一定の期間にわたり充足されるかの判断を行う。その判断に基づき，それぞれの履行義務が充足された時，または充足されるにつれて，それぞれの履行義務に配分された額で収益を認識する。

2-26 履行義務の充足①：履行義務の充足による収益の認識

■ 収益を認識するタイミング

顧客に財またはサービス（資産）に対する「**支配**」が移転　＝　履行義務を充足　＝　収益を認識

- 資産（財またはサービス）の使用を指図できる
- 資産からの残りの便益のほとんどすべてを享受できる

■ 収益認識のパターン

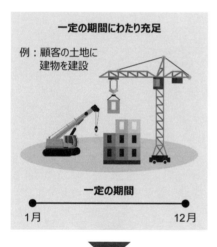

一定の期間にわたり充足

例：顧客の土地に建物を建設

一定の期間

1月 ─── 12月

一時点で充足

例：建設済の建物を販売

SOLD

一時点

12月

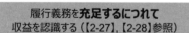

履行義務を**充足するにつれて**収益を認識する（【2-27】,【2-28】参照）

履行義務を**充足した時**に収益を認識する（【2-29】参照）

- 企業は約束した財またはサービスに対する「支配」を顧客に移転することにより履行義務を充足した時にまたは充足するにつれて，収益を認識する。
- 契約における取引開始日に，識別された履行義務のそれぞれが，一時点で充足されるものかまたは一定の期間にわたり充足されるものかを判定する。

収益を認識するタイミング

収益認識基準では，約束した財またはサービス（これらをまとめて「資産」という）を顧客に移転することにより，企業が履行義務を充足した時にまたは充足するにつれて，収益を認識する。資産は，顧客がその資産に対する支配を獲得した時または獲得するにつれて，顧客に移転する。すなわち，収益認識基準では，企業が顧客に対する約束である履行義務をどのように果たすか（履行のパターン）に注目して収益の認識パターンを決定する。そのため，企業は，取引開始日において，個々の履行義務が一定の期間にわたり充足されるものかまたは一時点で充足されるものかを判定する必要がある（判定基準については，次頁の3要件を参照）。

資産に対する支配

資産に対する支配とは，その資産の使用を指図し，その資産からの残りの便益のほとんどすべてを享受する能力のことである。ここで，便益とは，資産の売却や交換，資産の使用等による直接・間接の潜在的なキャッシュ・インフロー（またはアウトフローの節減）をいう。

また，支配が顧客に移転しているか否かを判断するにあたっては，買戻契約の有無およびその条件を考慮する（【3-10】参照）。

2-27 履行義務の充足②： 一定の期間にわたり充足される履行義務

■ 一定の期間にわたり充足される履行義務の要件

下記の**いずれか**を満たすか？

1	企業が契約上の義務を履行すると同時に，顧客が便益を享受する
2	企業が契約上の義務を履行することで資産が生じるか，資産の価値が増加し，その発生または増価と同時に顧客がその資産を支配する
3	① 企業が契約上の義務を履行することにより，他の用途に転用できない資産が生じ，かつ ② 企業が義務の履行を完了した部分について，対価を受領する強制可能な権利を有している

 Yes   No

一定の期間にわたり 充足される履行義務（【2-28】参照）	**一時点**で 充足される履行義務（【2-29】参照）

■ 一定の期間にわたり充足される履行義務の例

一定の期間にわたり充足される履行義務の要件	該当する例
1 企業が契約上の義務を履行すると同時に，顧客が便益を享受する	日常的または反復的な清掃サービス： 顧客は清掃が終わった箇所から清掃後の状態（＝便益）を享受。また，他の企業が引き継いだ場合もやり直しは不要である
2 企業が契約上の義務を履行することで資産が生じるか，資産の価値が増加し，その発生または増価と同時に顧客がその資産を支配する	顧客の土地に建設する建物： 顧客の土地に建てているため，顧客が資産を支配する
3 ① 企業が契約上の義務を履行することにより，他の用途に転用できない資産が生じ，かつ ② 企業が義務の履行を完了した部分について，対価を受領する強制可能な権利を有している	途中解約でも履行部分に対する対価を受け取る契約条文がある特注生産の機械： ① 他の用途に転用できず， ② 対価を受領する強制可能な権利を有する

一定の期間にわたり充足される履行義務の要件

下記の3つの要件のいずれかを満たす場合は，一定の期間にわたり充足される履行義務であり，一定の期間にわたり収益を認識する。

(1) 企業が契約上の義務を履行すると同時に，顧客が便益を享受する。

(2) 企業が契約上の義務を履行することで資産が生じるか，資産の価値が増加し，その発生または増価と同時に顧客がその資産を支配する。

(3) ①企業が契約上の義務を履行することにより，他の用途に転用できない資産が生じ，かつ②企業が義務の履行を完了した部分について，対価を受領する強制可能な権利を有している。

要件を検討するうえでのポイント

要件(1)：他の企業へ引き継ぐ仮定のもとでの検討

他の企業が途中で引き継ぎ，残りの義務を履行する場合に，現在までに完了した作業を他の企業が大幅にやり直す必要がない場合は(1)の要件を満たす。

要件(3)①：転用可能性に対する契約上の制限と実務上の制約

他の用途への転用可能性の検討には，契約上の制限と実務上の制約について考慮する。ここで，実務上の制約とは，例えば，資産を他の用途に使用する場合に，多大なコストが生じたり売却に際して重要な損失が生じたりすることにより，企業に重要な経済的損失が生じる場合をいう。

要件(3)②：対価を受領する強制可能な権利

対価を受領する強制可能な権利とは，契約期間にわたり，企業が履行しなかったこと以外の理由で顧客または他の当事者が契約を解約する際に，少なくとも履行を完了した部分に対する補償を企業が受ける権利をいう。この判定に際しては，契約条件や関連する法律・判例を考慮する。なお，履行を完了した部分に対する補償額は，現在までに移転した財またはサービスの販売価格相当額であり，合理的な利益相当額（マージン）が含まれる必要がある。

2-28 履行義務の充足③：一定の期間にわたり充足される履行義務に係る収益認識

■ 一定の期間にわたり充足される履行義務に係る収益認識

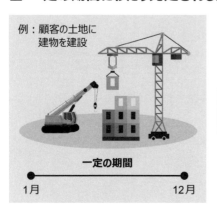

例：顧客の土地に建物を建設

一定の期間

1月　　　　12月

▶ 進捗度を見積り，その進捗度に基づき収益認識

■ 進捗度の見積方法

	進捗度を見積ることができる場合		進捗度は見積ることができないが，発生コストを回収できる場合
	インプット法	アウトプット法	原価回収基準
指標例	• 労働時間 • 発生コスト • 経過期間	• 経過期間 • 生産単位数 • 引渡単位数	• 回収できるコスト
計算例 ※取引額は一律200とする	発生コスト：40 総コスト予想：100 ↓ 進捗率： 40/100=40% 収益認識額： 200×40%=80	引渡済数：50個 総引渡数：200個 ↓ 進捗率： 50/200=25% 収益認識額： 200×25%=50 ※ 期末に重要な未引渡しの仕掛品または製品がないことを想定	発生コスト：40 総コスト予想：不明 ↓ 進捗率： － 収益認識額： 40 ※ 発生コストは全額回収できると想定

- 一定の期間にわたり充足される履行義務については，企業の履行義務の充足を忠実に描写するように進捗度を見積り，その進捗度に基づき収益を認識する。
- 進捗度の見積方法には，インプット法とアウトプット法がある。
- 進捗度を合理的に見積ることができないが，発生コストを回収できる場合には，回収できるコストの金額で収益を認識する（原価回収基準）。

一定の期間にわたり充足される履行義務に係る収益認識

一定の期間にわたり充足される履行義務は，その進捗度を合理的に見積り，収益を一定の期間にわたり認識する。進捗度は各決算日に見直し，見積りを変更する場合は，会計上の見積りの変更として処理する。

進捗度の見積方法

進捗度の見積方法には，インプット法とアウトプット法があり，その方法の決定に際しては，財またはサービスの性質を考慮する。

インプット法は，履行義務の充足に使用されたインプットが履行義務を完全に充足するまでの予想インプット合計に占める割合に基づき，収益を認識する方法である。インプット法の指標には，労働時間，発生コスト，経過期間等がある。ただし，発生コストが，進捗度に寄与しない場合（例えば，契約価格に反映されていない著しく非効率な履行に起因するコスト）や進捗度に比例しない場合は，進捗度の見積りを修正するか検討する。

アウトプット法は，現在までに移転した財またはサービスの顧客にとっての価値を直接的に見積り，現在までに移転した財またはサービスと残りの財またはサービスとの比率に基づき，収益を認識する方法である。アウトプット法の指標には，経過期間，生産単位数，引渡単位数等があるが，アウトプット法の適用に際しては，進捗度を忠実に描写するアウトプットを選択する。例えば，引渡単位数に基づく場合は，引き渡した時点で進捗度の測定に含めるが，決算日における未引渡しの仕掛品または製品に重要性がある場合は，進捗度を忠実に描写しているとはいえず，これをそのまま使用することは適切ではない場合がある。

進捗度を合理的に見積ることができない場合

従来の実務と異なり，進捗度を合理的に見積ることができないが，発生コストを回収できる場合には，進捗度を合理的に見積ることができる時まで，回収できるコストの金額で収益を認識（原価回収基準）する。

2-29 履行義務の充足④：
一時点で充足される履行義務

■ 一時点で充足される履行義務に係る収益認識

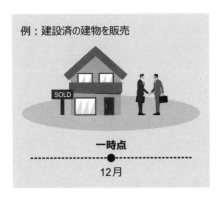

例：建設済の建物を販売

SOLD

一時点
- - - - - - - - ● - - - - - - - -
12月

▶ 資産に対する支配が
顧客に移転した時点で収益認識

■ 支配の移転を検討する指標

考慮する指標の例

1	企業が顧客に提供した資産に関する**対価を収受する現在の権利**があるか
2	顧客が資産に対する**法的所有権**を有しているか
3	企業が資産の**物理的占有**を移転しているか
4	顧客が資産の所有に伴う**重大なリスクと経済価値**を有しているか
5	顧客が資産を**検収**しているか　→　形式的な場合には省略可（【3-15】参照）

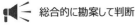 総合的に勘案して判断

一時点で充足される履行義務に係る収益認識

履行義務が一定の期間にわたり充足されるものではない場合には、一時点で充足される履行義務として、資産に対する支配を顧客に移転することにより、企業がその履行義務を充足した時に収益を認識する。そのため、資産に対する支配が顧客に移転するのがいつかを判断する必要がある。

支配の移転を検討する指標

支配が移転したかについて検討する際には、例えば、下記の5つの指標を考慮する。

(1) 企業が顧客に提供した資産に関する対価を収受する現在の権利があるか。

(2) 顧客が資産に対する法的所有権を有しているか。

(3) 企業が資産の物理的占有を移転しているか。

(4) 顧客が資産の所有に伴う重大なリスクと経済価値を有しているか。

(5) 顧客が資産を検収しているか。

ただし、これらの指標間に優先順位はなく、また、これらの指標の1つに該当したとしても、そのことをもってただちに支配が移転していると判断できるわけではなく、総合的に勘案して判断する。

例えば、(2)法的所有権に関して、顧客の支払不履行に対して資産の保全を行うためにのみ企業が法的所有権を有している場合には、その権利は、顧客が資産に対する支配を獲得することを妨げない。また、(3)物理的占有に関して、買戻契約、委託販売契約、請求済未出荷契約等、物理的占有が資産に対する支配と一致しない場合がある。

◆コラム◆　無償で提供していても履行義務になる？

　収益認識基準においては，まずステップ1で契約を識別しますが，契約は必ずしも書面のみでなく，取引慣行等によっても成立する可能性があります。また，ステップ2では履行義務を識別しますが，履行義務は顧客に財またはサービスを移転する約束であり，必ずしも価格が契約書において定められているものに限定されません。そのため，顧客との契約において，または取引慣行により，無償で提供している財またはサービスについても，履行義務として識別される可能性があります。そのような財またはサービスとして，例えば以下のようなものが考えられます。

- 航空会社により航空券販売時に提供されるマイレージ
- コンビニ等の小売店において商品販売時に提供されるポイント
- 自動車を購入した顧客にのみ無償で提供されるメンテナンス・パッケージ
- ソフトウェア開発受託契約の完了後に無償で提供される保守サービス

　従来の会計基準のもとでは，これらのような無償で提供される財またはサービスについては収益を認識せず，引当金で対応するケースが多かったと考えられます。これに対し，収益認識基準においては，財またはサービスの対価として受領する額（例：自動車の販売価格）を，その有償の財またはサービス（例：自動車）と，それに付随して無償で提供される財またはサービス（例：メンテナンス・パッケージ）に，それぞれの独立販売価格の比率により配分する必要があります。その結果，無償の財またはサービスに配分された対価については，従来よりも収益認識のタイミングが遅くなる可能性があります。

　無償で提供される財またはサービスには，上記の例示以外にもさまざまな形態のものが考えられ，別個の履行義務として識別された場合には，実務対応が煩雑となりシステム改修等の対応が必要となることも考えられるため，留意が必要です。

第 **3** 章

特定の状況または取引
における取扱い

3-1 財またはサービスに対する保証

■ 保証の種類と会計処理

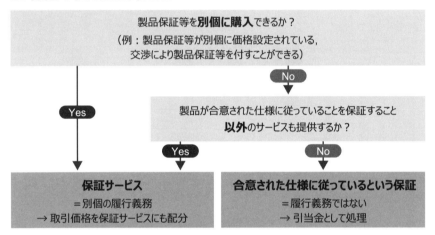

製品保証等を**別個に購入**できるか？
（例：製品保証等が別個に価格設定されている，
交渉により製品保証等を付すことができる）

No

製品が合意された仕様に従っていることを保証すること
以外のサービスも提供するか？

Yes

Yes

No

保証サービス
＝別個の履行義務
→ 取引価格を保証サービスにも配分

合意された仕様に従っているという保証
＝履行義務ではない
→ 引当金として処理

■ 財またはサービスに対する保証の例

	通常の1年のノートパソコンの保証を3年に延長する有料サービス	製品の効果的な使用方法について顧客の従業員に研修を実施するサービス	初期不良に限定される購入後1年間の製品保証サービス
製品保証等を別個に購入できるか？	延長保証サービスとして販売している → Yes	上記のような研修サービスは、通常販売されていない → No	製品とは別個に購入できない → No
製品が合意された仕様に従っていることを保証すること以外のサービスも提供するか？	N/A	顧客の従業員に製品の効果的な使い方の研修を行うことは、製品が合意された仕様に従っていることの保証以外の追加的なサービスである　→ Yes	製品が合意された仕様に従っていることを保証するためのサービスである → No
	↓	↓	↓
	保証サービス		**合意された仕様に従っているという保証**

> ■ 財またはサービスに対する保証が，合意された仕様に従っているという保証
> だけでなく，顧客に何らかのサービスを提供するものである場合，また，顧
> 客が財またはサービスに対する保証を単独で購入することができる場合は，
> その保証サービスを履行義務として取り扱うことが要求される。

保証の種類と会計処理

　従来の実務では，財またはサービスに対する保証（以下「製品保証等」とい
う）に関する将来コストを引当金として見積計上し，費用を認識していた。こ
れに対して収益認識基準では，企業が販売した製品に付す製品保証等を下記の
①と②に分けて会計処理を定めている。

① <u>合意された仕様に従っているという保証</u>

　製品保証等が合意された仕様に従っているという保証のみである場合，その
製品保証等について，従来の実務と同様，引当金として処理する。

② <u>保証サービス</u>

　製品保証等が合意された仕様に従っているという保証に加えて，顧客に何ら
かのサービスを提供する保証（追加分の保証について，以下「保証サービス」
という）を含む場合，保証サービスを履行義務として識別し，取引価格を保証
サービスにも配分する。

保証に係る履行義務の識別

　検討対象となる製品保証等が，合意された仕様に従っているという保証と保
証サービスの両方を含む場合で，それぞれを区分して合理的に処理できないと
きには，両方を一括して単一の履行義務として会計処理する。

　また，製品保証等が個別に価格設定されるまたは交渉されるように，製品保
証等を単独で購入するオプションを顧客が有している場合には，その製品保証
等は別個の履行義務として会計処理する。

3-2 本人と代理人の区分①：会計処理の概要

■ 本人と代理人の区分と会計処理

	本人	代理人
財またはサービス	自ら提供	他の当事者によって提供されるよう手配
収益認識の額	対価の総額	報酬または手数料の額

■ 本人か代理人かの判断が必要となるケースの例

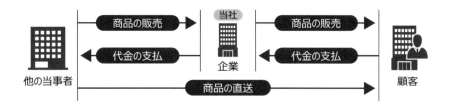

顧客への財またはサービスの提供に関して，
企業と顧客以外の第三者が関係している場合は検討が必要

- 企業が本人に該当するときには，財またはサービスの提供と交換に企業が権利を得ると見込む対価の総額を収益として認識する。
- 企業が代理人に該当するときには，他の当事者により提供されるように手配することと交換に企業が権利を得ると見込む報酬または手数料の金額を収益として認識する。

概要

　これまでわが国においては，ソフトウェア取引を除き，収益の総額・純額表示についての一般的な規定はなかった。収益認識基準では，本人・代理人を判定するための定めがあり，顧客への財またはサービスの提供に他の当事者が関与している場合は本人か代理人かの判定が必要となる。

本人と代理人の区分と会計処理

　企業の履行義務が，財またはサービスを企業が自ら提供することである場合，その企業は本人であり，財またはサービスの提供と交換に企業が権利を得ると見込む対価の総額を収益として認識する。

　一方，企業の履行義務が，財またはサービスを他の当事者によって提供されるように手配することである場合，企業は代理人であり，他の当事者により提供されるように手配することと交換に企業が権利を得ると見込む報酬または手数料の金額（あるいは他の当事者が提供する財またはサービスと交換に受け取る額からその他の当事者に支払う額を控除した純額）を収益として認識する。

本人と代理人の区分と収益認識の額

　このように，本人と代理人のいずれに該当するかにより，企業が認識する収益の額が大きく変わるため，本人と代理人の区分判定は非常に重要である。また，従来の実務と判定が変わる場合，当期純利益に影響はないものの，収益の認識額に大きな影響を与えることとなるため，留意が必要である。なお，本人と代理人の具体的な判定は次頁にて記載する。

3-3 本人と代理人の区分②：本人か代理人かの判定

■ 本人と代理人の判定

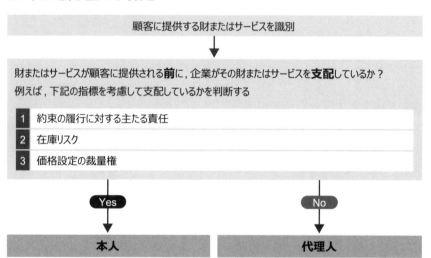

顧客に提供する財またはサービスを識別

財またはサービスが顧客に提供される**前**に，企業がその財またはサービスを**支配**しているか？
例えば，下記の指標を考慮して支配しているかを判断する

1	約束の履行に対する主たる責任
2	在庫リスク
3	価格設定の裁量権

Yes → 本人

No → 代理人

■ 本人と代理人のいずれに該当するか判断するため，企業は顧客に提供される財またはサービスを識別し，識別した財またはサービスのそれぞれが顧客に提供される前に，企業がその財またはサービスを支配しているか否かを判断する。

本人と代理人の判定

　本人か代理人かの判定に際しては，まず，顧客に提供する財またはサービスを識別する。その後，識別した財またはサービスのそれぞれについて，それらが顧客に提供される前に，企業がその財またはサービスを支配しているか否か（資産に対する支配：資産の使用を指図し，その資産からの残りの便益のほとんどすべてを享受する能力）を判断する。判断の結果，財またはサービスが顧客に提供される前に企業がその財またはサービスを支配しているならば，企業は本人であり，支配していないならば，企業は代理人となる。

「支配」しているか否かの判断指標の例示と留意事項

　収益認識基準では，企業が財またはサービスを顧客に提供する前に「支配」しているか否かの判断に資するため，「本人」の指標の例示として下記の3つを挙げている。
　(1)　約束の履行に対する主たる責任
　(2)　在庫リスク
　(3)　価格設定の裁量権
　例示の指標については，顧客に提供される財またはサービスの性質および契約条件により，説得力のある根拠を提供する指標が異なる可能性がある点に留意する（例えば，サービスの提供の場合には，在庫リスクは関連性に乏しいと考えられる）。また，それらの指標による評価は，支配の評価を必ずしも覆すものではなく，単独で行われるものでもない点に留意する。

本人と代理人の区分：
企業が代理人に該当する場合

前提条件 ···

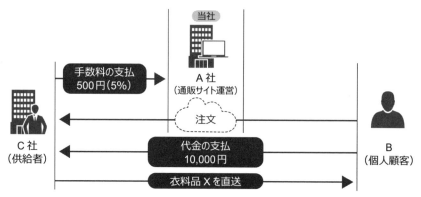

- A社はアパレル通販サイトを運営している。
- 顧客BはA社の通販サイトを通じて，アパレルメーカーであるC社から衣料品を直接購入することが可能である。
- C社の衣料品がA社の通販サイトを通じて販売された場合，A社は，C社から衣料品の販売価格の5％に相当する手数料を得る。
- 通販サイト上の衣料品の販売価格はC社によって設定されている。
- 顧客は注文に際して代金を前払いする必要があり，これはいかなる顧客都合によっても返金されない。
- A社は，顧客Bに衣料品が届くように手配した後は，顧客Bに対して何ら責任を負わない。

問題 ···

　顧客BがA社のウェブサイト上で10,000円の衣料品Xを購入する場合，A社は収益をいくらで認識するべきか。

解説（【3-3】参照）..

　A社が本人に該当するのか，代理人に該当するのかを判定するために，A社は，顧客Bに提供される財またはサービスを識別し，その財またはサービスが顧客に提供される前に自らがその財またはサービスを支配しているのか否かを評価する必要がある。

■顧客に移転される財またはサービスの識別

　顧客Bに移転される財は，C社が提供する衣料品Xである。

■財またはサービスを顧客に提供する前の支配

　本取引においてA社は，顧客BとC社とを結ぶプラットフォームを提供しているのみであり，衣料品Xの製造・出荷・配送手配の一連の作業はすべてC社が行う。すなわちA社は，どの時点においても顧客Bに提供される衣料品Xの使用を指図することはできず，在庫リスクも有していない。また，前提条件のとおり，価格設定の裁量権はC社にある。これらの判断をまとめると，下記の図表になる。

	本人と代理人の判定指標の例示（【3-3】参照）	衣料品Xの提供
1	約束の履行に対する主たる責任	C社
2	在庫リスク	C社
3	価格設定の裁量権	C社

　上記を総合的に勘案すると，顧客Bに衣料品Xが提供される前に衣料品Xを支配しているのはC社であり，A社は衣料品Xを支配していない。したがって，A社は代理人に該当し，A社の履行義務はC社により衣料品Xが顧客Bに提供されるよう手配することであると判断される。

結論..

　本取引におけるA社の履行義務は，C社によって衣料品Xが顧客Bに提供されるように手配することであるため，A社は自社が代理人であると判断し，顧客Bが衣料品Xを購入した日に衣料品Xの販売による手数料500円を収益として認識する。

■衣料品購入日

（借）売　　掛　　金	500円	（貸）手　数　料　収　入	[*1]500円

（＊1）500円（＝10,000円×5％）

第3章●特定の状況または取引における取扱い　　95

本人と代理人の区分：企業が本人に該当する場合

前提条件

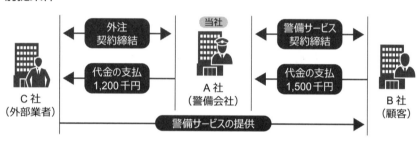

- A社はB社（顧客）に対してB社本社ビルの警備サービスを月額1,500千円で提供している。なお，本取引の価格設定の裁量権はA社が有している。
- A社は，契約条件に従ったサービスの提供を確保することに責任を負い，合意した価格に基づき翌月末の支払条件で顧客に請求する。
- A社は警備サービスを顧客に提供するために，外部業者を利用している。A社はB社との契約を獲得する際に，外部業者C社と契約を月額1,200千円で締結する。B社に対する警備サービスは，A社とB社が契約した後にA社の指図によりC社が提供する。
- A社とC社との契約における支払条件は，通常，A社とB社との契約における支払条件と整合している。しかし，A社は，仮にB社がA社に支払を行うことができない場合であっても，C社に対して支払義務がある。

問題

A社がこの取引に関して毎月計上する収益はいくらとするべきか。

解説（【3-3】参照）

A社が本人に該当するのか，代理人に該当するのかを判定するために，A社は顧客であるB社に提供される財またはサービスを識別し，顧客に提供さ

れる前に自らがその財またはサービスを支配しているのか否かを評価する必要
がある。

■顧客に移転される財またはサービスの識別

　B社に提供される財またはサービスは，警備サービスである。

■財またはサービスを顧客に提供する前の支配

　本取引において，A社は，警備サービスをA社に代わってC社が提供する
ように指図する能力を有していることから，A社は，そのサービスがB社に
提供される前に自らがそれを支配していると考えられる。

　上記判断と合わせて，「支配」しているか否かの判断指標の例示への当ては
めを行う。前提条件より，B社に警備サービスを提供するのはC社であるも
のの，その警備サービスに対して責任を負うのはA社である。またC社に提
供するサービスに係る価格設定の裁量権を有するのはA社である。

本人と代理人の判定指標の例示（【3-3】参照）		警備サービスの提供
1	約束の履行に対する主たる責任	A社
2	在庫リスク	－
3	価格設定の裁量権	A社

　上記を総合的に勘案すると，B社に提供される前にA社は警備サービスを
支配していると考えられるため，本取引においてA社は本人に該当する。

結論 ･･･

　本取引において本人であると判断されたA社は，B社に提供する警備サー
ビスと交換にB社から権利を得る対価を毎月収益として総額で認識する。

■各月末

（借）売　　掛　　金	1,500千円	（貸）営　業　収　益	1,500千円

例題 5 本人と代理人の区分： 小売業における消化仕入

前提条件 ┄┄┄┄┄┄┄┄┄┄┄┄┄┄┄┄┄┄┄┄┄┄┄┄┄┄┄┄┄┄┄┄┄┄┄┄┄┄┄

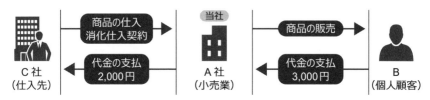

- 小売業を営む A 社は，仕入先である C 社と消化仕入契約を締結している。
- A 社と C 社の契約条件は下記のとおり。
  - 商品の法的所有権：A 社の店舗にある商品の法的所有権は仕入先 C 社が保有しており，顧客への商品販売時に，C 社から A 社に移転し，同時に顧客に移転する。
  - 在庫リスク：C 社が負っている。
  - 商品の品揃えや販売価格：C 社が決定している（A 社は，商品の種類や価格帯等について一定の関与をするのみ）。
  - 代金の収受：商品の販売時に顧客から代金を収受し，C 社に対して販売価格から一定のマージンを控除した額の支払義務を負う。

問題 ┄┄

　商品の仕入価格が2,000円，販売価格が3,000円であるとき，A 社はいくらで収益を認識するべきか。

解説（【3-3】参照）┄┄┄┄┄┄┄┄┄┄┄┄┄┄┄┄┄┄┄┄┄┄┄┄┄┄┄┄┄┄┄┄┄┄┄┄

　A 社が本人に該当するのか，代理人に該当するのかを判定するために，個人顧客 B に提供される財またはサービスを識別し，その財またはサービスが顧客に提供される前に A 社が自らその財またはサービスを支配しているのか否かを評価する必要がある。

■顧客に移転される財またはサービスの識別

個人顧客Bに提供される財またはサービスは，消化仕入契約の対象となっている商品である。

■財またはサービスを顧客に提供する前の支配

本契約では，A社は，商品が顧客に移転される直前にその法的所有権を一時的に獲得しているものの，在庫リスクは一切負っていない。また，A社は商品が顧客に販売されるまでのどの時点においてもその使用を指図する能力を有していないため，顧客に提供される前に商品を支配していないと判断される。さらに，商品の品揃えや価格設定の裁量権はC社が有しており，A社にその裁量権はない。したがって，A社の履行義務は商品が他の当事者によって提供されるように手配することであり，A社は代理人に該当すると判断される。

	本人と代理人の判定指標の例示（【3-3】参照）	商品の販売
1	約束の履行に対する主たる責任	前提からは必ずしも明確でない
2	在庫リスク	C社
3	価格設定の裁量権	C社

結論 ···

A社は代理人として，C社により提供された商品を個人顧客Bに販売したことにより受け取った対価3,000円からC社に支払う対価2,000円を控除した純額の1,000円を収益として認識する。

■商品販売時[*]

（借）現　金　預　金	3,000円	（貸）買　　掛　　金	2,000円
		手　数　料　収　入	1,000円

＊A社においては，商品仕入の仕訳は計上されない。

3-4 追加の財またはサービスを取得する オプションの付与

■ 追加の財またはサービスを取得するオプションが 別個の履行義務か否かの判定

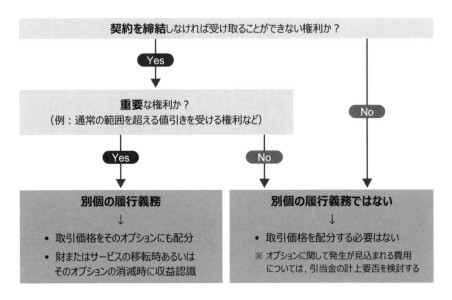

契約を締結しなければ受け取ることができない権利か？

→ Yes

重要な権利か？
（例：通常の範囲を超える値引きを受ける権利など）

→ Yes → No

No →

別個の履行義務
↓
- 取引価格をそのオプションにも配分
- 財またはサービスの移転時あるいは そのオプションの消滅時に収益認識

別個の履行義務ではない
↓
- 取引価格を配分する必要はない
※ オプションに関して発生が見込まれる費用 については、引当金の計上要否を検討する

■ 追加の財またはサービスを取得するオプションの例

別個の履行義務	別個の履行義務ではない
・割引価格で契約更新ができる権利	・無料配布のクーポン券
・買い物ポイント	・来店ポイント （加入料や年会費等が無料を想定）
・航空会社のマイレージプログラム	

■ 追加の財またはサービスを取得するオプションが，契約を締結しなければ顧客が受け取ることができない重要な権利を顧客に提供する場合には，そのオプションを別個の履行義務として識別する。

履行義務の識別

　追加の財またはサービスを取得するオプションとは，例えば，財またはサービスの購入時に付与されるポイントやマイレージ，契約更新オプション等が該当する。従来，このようなオプションについての明文規定はなかったものの，実務上はこれらのオプションにかかる企業の義務について引当対応しているケースも多かったと考えられる。

　これに対して収益認識基準では，契約を締結しなければ顧客が受け取ることができない重要な権利（オプション）を顧客に提供する場合には，そのオプションを別個の履行義務として識別することが求められる。ここで，重要な権利とは，例えば，顧客が通常の範囲を超える値引きを受ける権利などをいう。なお，オプションが別個の履行義務に該当しない場合で，オプションに関して発生が見込まれる費用がある場合には，引当金の計上要否を検討する必要がある。

別個の履行義務を識別した場合

取引価格の配分

　収益認識基準においては，各履行義務への取引価格の配分は，各履行義務の基礎となる財またはサービスの独立販売価格の比率で行う。追加の財またはサービスを取得するオプションの独立販売価格を直接観察できない場合には，オプションの独立販売価格を見積る必要がある。この見積りに際しては，オプションの行使時に顧客が得られるであろう値引きについて，下記の(1)および(2)の要素を反映して見積ることとされている。

　(1)　顧客によるオプションの行使がなくても通常受けられる値引き

　(2)　オプション行使の可能性

収益認識時期

　オプションに配分された対価は契約負債として認識し，将来の財またはサービスの移転時，あるいはオプションの消滅時に収益として認識する。

例題 6 ポイント制度の会計処理

前提条件

- A社（小売業）は，自社運営のポイント制度を導入しており，自社の店舗での商品の購入金額の１％のポイントを顧客に付与している。顧客は，将来A社で商品を購入する時に，１ポイントにつき１円の値引きを受けることができる。ポイントは付与日から３年経過後に失効する。
- X1年４月20日に，A社は商品Xを50,000円で販売し，顧客Bに500ポイントを付与した。
- 商品Xの独立販売価格は50,000円である。
- A社は商品Xの販売時点で，ポイントの独立販売価格を450円と見積った。これは，将来，付与した500ポイントの失効率を10％とする見込みによる。
- このポイントは，A社の店舗で商品を購入しなければ受け取れない重要な権利を顧客に提供するものであるため，A社は，顧客へのポイントの付与を別個の履行義務として識別すべきであると結論付けた。
- A社はX2年度末において，ポイントの失効率の見込みを６％に変更し，独立販売価格の見積りを470円に変更した。
- X1年度およびX2年度に使用されたポイント，決算日までに使用されたポイント累計および使用されると見込むポイント総数は下記のとおりである。

	X1年度	X2年度
各年度に使用されたポイント	200	210
決算日までに使用されたポイント累計	200	410
使用されると見込むポイント総数	450	470

問題 ···

A社は収益をいつ，いくらで認識すべきか。

解説（【3-4】参照）··

■ A社は，商品販売時に取引価格50,000円を売上高（商品）と契約負債（ポイント）に，それぞれの独立販売価格（商品：50,000円，ポイント：450円）の比率で配分し，商品に配分された価格相当額を収益として認識する。

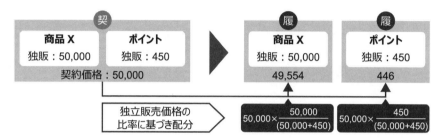

■ X2年3月31日において，販売時の独立販売価格で配分された契約負債のうち，使用されたポイント見合いについて取り崩し，同額を収益認識する。

■ 使用されると見込むポイント総数を見直した場合，見直し後の総数に基づきその期までに収益として計上すべき額と，これまでに計上した額との差額を見直した期の収益として計上する。

結論 ···

A社は次のように会計処理を行う。

■ X1年4月20日（商品X販売時）

(単位：円)

（借）現 金 預 金	50,000	（貸）売　　上　　高	(*1)49,554
		契　約　負　債	(*2)446

（*1）50,000×50,000/50,450 ≒ 49,554
（*2）50,000×450/50,450 ≒ 446

■ X1年度末

（借）契　約　負　債	(*3)198	（貸）売　　上　　高	198

（*3）446×200/450 ≒ 198

■ X2年度末

（借）契　約　負　債	(*4)191	（貸）売　　上　　高	191

（*4）446×410/470−198 ≒ 191

3-5 顧客により行使されない権利（非行使部分）

■ 非行使部分の会計処理

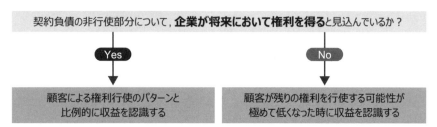

契約負債の非行使部分について，**企業が将来において権利を得る**と見込んでいるか？

Yes

顧客による権利行使のパターンと
比例的に収益を認識する

No

顧客が残りの権利を行使する可能性が
極めて低くなった時に収益を認識する

■ 収益認識のイメージ

顧客による権利行使のパターンと比例的に収益を認識する場合

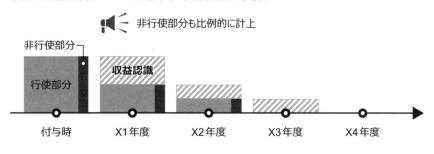

非行使部分も比例的に計上

非行使部分

行使部分

収益認識

付与時　X1年度　X2年度　X3年度　X4年度

顧客が残りの権利を行使する可能性が極めて低くなった時（X4年度）
に収益を認識する場合

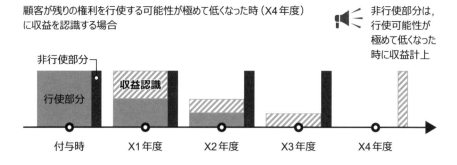

非行使部分は，
行使可能性が
極めて低くなった
時に収益計上

非行使部分

行使部分

収益認識

付与時　X1年度　X2年度　X3年度　X4年度

!

この項目のポイント

- 商品券等の返金不要の前払いのうち，何らかの理由により顧客に行使されない部分を「非行使部分」という。
- 非行使部分について企業が将来において権利を得ると見込む場合は，顧客の権利行使パターンと整合する形で収益を認識するが，見込まない場合は，顧客が残りの権利を行使する可能性が極めて低くなった時に収益を認識する。

非行使部分とは

　顧客が企業に対して商品券やプリペイドカード等の返金不要の前払いを行う場合，企業は，この前払いを契約負債として認識し，企業が将来において財またはサービスを移転してその履行義務を充足した時に収益に振り替える。

　ただし，企業が受領した返金不要の前払いの中には，紛失や死蔵，期限切れ等の理由により行使されないものもあると考えられる。このように，顧客により行使されない権利部分を「非行使部分」という。

非行使部分の会計処理

　契約負債の非行使部分について，企業が将来において権利を得ると見込む（収益を認識したとしても，重大な戻入れが生じない可能性が高い）場合には，その非行使部分の金額について，顧客が権利行使をするパターンと整合する形で収益を認識する。一方，契約負債の非行使部分について，企業が権利を得ると見込まない場合には，その非行使部分の金額について，顧客が残りの権利を行使する可能性が極めて低くなった時に収益を認識する。

3-6 返金が不要な契約における取引開始日の顧客からの支払

■ 返金不要な顧客からの支払の例

- スポーツクラブの入会手数料

- 電気通信契約の加入手数料

- サービス契約のセットアップ手数料

- 供給契約の当初手数料

■ 返金不要な顧客からの支払の会計処理

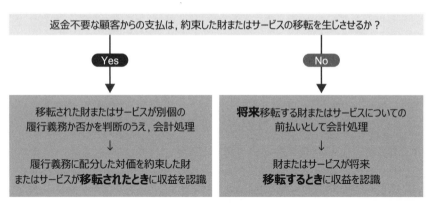

返金不要な顧客からの支払は,約束した財またはサービスの移転を生じさせるか?

Yes

移転された財またはサービスが別個の履行義務か否かを判断のうえ,会計処理
↓
履行義務に配分した対価を約束した財またはサービスが**移転されたとき**に収益を認識

No

将来移転する財またはサービスについての前払いとして会計処理
↓
財またはサービスが将来**移転するとき**に収益を認識

※ 契約に契約更新オプションが含まれ,それが顧客にとって重要な権利に該当する場合には,契約更新が見込まれる期間を考慮して収益認識する。

返金不要な顧客からの支払

例えば，スポーツクラブの入会手数料，電気通信契約の加入手数料，サービス契約のセットアップ手数料，電力供給契約の当初手数料等のように，企業が，契約の取引開始日またはその前後に，顧客から返金不要の支払を受ける場合がある。このような場合には，それをいつ収益として認識するかが論点となる。

この点，収益認識基準によれば，収益は，企業が履行義務を充足した時点（または充足するにつれて），すなわち顧客に約束した財またはサービスを移転した時点（または移転するにつれて）で認識することとされているため，企業が支払の受領時に顧客に財またはサービスを移転したか否かが，会計処理を検討するうえでのポイントになると考えられる。

返金不要な顧客からの支払の会計処理

返金不要な顧客からの支払が，約束した財またはサービスの移転を生じさせるものである場合には，その財またはサービスの移転を別個の履行義務として処理するか否かを判断する（【2-9】参照）。

ただし，返金不要な顧客からの支払については，例えばセットアップ手数料のように，企業が，契約の取引開始日またはその前後に契約を履行するために行う活動に関連するものの，その活動により，顧客に何らかの財またはサービスが移転されるわけではないものも多いと考えられる。このように返金不要の支払が約束した財またはサービスの移転を生じさせるものでない場合には，将来の財またはサービスの移転に対するものとして，それらの将来の財またはサービスを移転する時点で（または移転するにつれて）収益を認識する。

なお，顧客に契約更新オプションを付与する場合に，そのオプションが顧客に重要な権利を提供するものに該当するときは，その支払について，契約更新される期間を考慮して収益を認識する。

3-7 ライセンスの供与①：会計処理の概要

■ ライセンスの例

- ソフトウェア
- 技術
- 動画
- 音楽

- フランチャイズ
- 特許権
- 商標権
- 著作権

■ ライセンスの会計処理

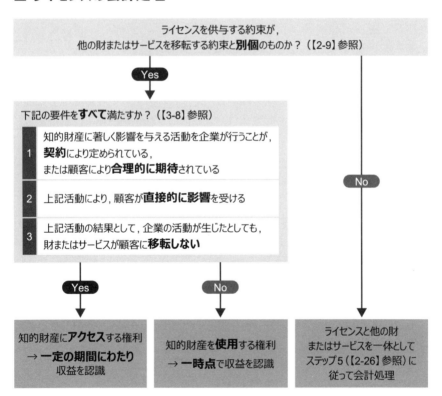

ライセンスを供与する約束が，
他の財またはサービスを移転する約束と**別個**のものか？【2-9】参照）

Yes

下記の要件を**すべて**満たすか？【3-8】参照）

1	知的財産に著しく影響を与える活動を企業が行うことが，**契約**により定められている，または顧客により**合理的に期待**されている
2	上記活動により，顧客が**直接的に影響**を受ける
3	上記活動の結果として，企業の活動が生じたとしても，財またはサービスが顧客に**移転しない**

No

Yes

知的財産に**アクセス**する権利
→ **一定の期間にわたり**
収益を認識

No

知的財産を**使用**する権利
→ **一時点**で収益を認識

ライセンスと他の財
またはサービスを一体として
ステップ5【2-26】参照）に
従って会計処理

ライセンスとは

ライセンスとは，企業の知的財産に対する顧客の権利を定めるものである。ライセンスの例としては，ソフトウェア，技術，動画，音楽，フランチャイズ，特許権，商標権や著作権等が挙げられる。

ライセンスの会計処理

ライセンス契約においては，ライセンスの供与とともに他の財またはサービスを提供することがあるため，まずステップ2の定め（【2-9】参照）に従って，ライセンスを供与する約束が，契約の中の他の財またはサービスを移転する約束と別個であるか否か判断する必要がある。

ライセンスの供与が他の約束と別個でない場合

この場合，両方の約束を一括して単一の履行義務として扱い，ライセンスの会計処理を適用するのではなく，ステップ5の一般規定（【2-26】参照）に従って会計処理することになる。

ライセンスの供与が独立した履行義務である場合

この場合，ライセンスを供与する約束が顧客に対して知的財産にアクセスする権利を提供するのか，知的財産を使用する権利を提供するのかを判定する。

ライセンスを供与する約束が顧客に対して知的財産にアクセスする権利を提供する場合，企業による知的財産へのアクセスの提供につれて顧客が便益を享受するため，企業は一定の期間にわたって収益を認識する。

一方で，ライセンスを供与する約束が顧客に対してその時点で存在する知的財産を使用する権利を提供する場合，企業によるライセンス供与時点で顧客がライセンスの使用を指図し，便益のほとんどすべてを享受できることから，企業は一時点で収益を認識する。

■ ライセンスの約束の性質の判定例

ライセンスの約束の性質の判定要件 （すべて満たす場合， アクセスする権利に該当）		コンビニのフランチャイズ権 （企業がマーケティング 活動等を行うケース）	テレビ番組の放映権
1	知的財産に著しく影響を与える活動を企業が行うことが，契約により定められている，または顧客により合理的に期待されている	契約または取引慣行により，企業がマーケティング活動等を行うことを加盟店が合理的に期待している → Yes	企業は提供したテレビ番組の放映権に影響を与える活動を行わない → No
2	上記活動により，顧客が直接的に影響を受ける	上記活動の成否により，加盟店の売上は変動する → Yes	N/A
3	上記活動の結果として，企業の活動が生じたとしても，財またはサービスが顧客に移転しない	上記活動は，加盟店に対する財またはサービスの提供を伴うものではない → Yes	N/A

知的財産に**アクセス**する権利
→ **一定の期間にわたり**収益を認識

知的財産を**使用**する権利
→ **一時点**で収益を認識

- 3要件のすべてを満たす場合，ライセンスを供与する際の企業の約束の性質は知的財産にアクセスする権利を提供するものと判断される。

ライセンスが知的財産にアクセスする権利を提供するものと判断される要件

下記の要件のすべてを満たす場合，ライセンスを供与する際の企業の約束の性質は知的財産にアクセスする権利を提供するものと判断される。

(1) 知的財産に著しく影響を与える活動を企業が行うことが，契約により定められているまたは顧客により合理的に期待されている。

(2) 上記(1)の活動により，顧客が直接的に影響を受ける。

(3) 上記(1)の活動の結果として，企業の活動が生じたとしても，財またはサービスが顧客に移転しない。

上記を1つでも満たさない場合，ライセンスは企業の知的財産を使用する権利を提供するものと判断される。

要件を検討するうえでのポイント

下記のいずれかに該当する場合，企業の活動は，上記(1)における「知的財産に著しく影響を与える活動」と判断される。

① 企業の活動が，知的財産のデザインやコンテンツなどの形態または機能性を著しく変化させる。

② 例えばブランドからの便益などのように，企業による知的財産の価値を補強・維持する活動の結果として顧客が知的財産から便益を享受することができる，または便益を享受する能力が企業の活動に依存している。

また，(1)における「顧客により合理的に期待されている」ことを示す可能性のある要因としては，企業の取引慣行や公表した方針，企業と顧客との間での知的財産に関する経済的利益の共有（例えば，売上高に基づくロイヤルティ）の存在等がある。

なお，ソフトウェア，薬品の製法，映画やテレビ番組，音楽作品の録音物等のメディア・コンテンツなどは重要な独立した機能性を有することが多く，その場合，企業の活動が知的財産の形態または機能性を著しく変化させない限り，ライセンスは企業の知的財産を使用する権利を提供するものと判断される。

3-9 ライセンスの供与③： 売上高または使用量に基づくロイヤルティ

■ 変動対価に関する例外規定

	一般の変動対価	(例外) 売上高または使用量に基づく ロイヤルティ
対価の不確実性	あり	あり（高い）
収益認識のタイミング	履行義務充足時点	(1) 顧客の売上計上またはライセンスの使用 (2) 企業の履行義務充足 の遅いほう 　　　= 不確実性が解消した時点
収益計上金額	変動対価を見積る	変動対価は見積らず，実際の売上高 または使用量に応じた金額で計上する

■ 売上高または使用量に基づくロイヤルティの例

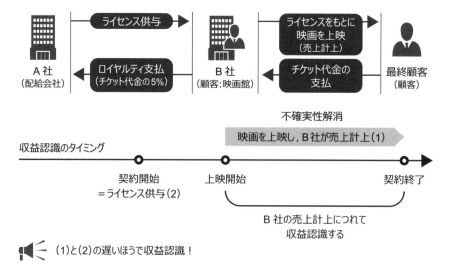

（1）と（2）の遅いほうで収益認識！

112 適 67, 68, 151, 152

変動対価に関する例外規定

知的財産のライセンスの対価は顧客の売上高または使用量に基づくロイヤルティの形態をとることがある。このようなロイヤルティは変動対価としての性質を有しているため，本来は，事後的に収益の重要な戻入れが生じない可能性が高い範囲で取引価格に含めることになると考えられるが，売上高または使用量に基づくロイヤルティについては，不確実性が高いことを考慮し，下記のいずれかに該当する場合は，変動対価に対する一般的な規定を適用せず（すなわち，変動対価を見積って取引価格に含めるのではなく），不確実性が解消するまで収益を認識しないこととされている。

● ロイヤルティが知的財産のライセンスのみに関連している。

● ロイヤルティにおいて知的財産のライセンスが支配的な項目である。

ここで，「知的財産のライセンスが支配的な項目である」場合とは，例えば，顧客がライセンスから得る価値が，ロイヤルティが関連する他の財またはサービスから得る価値よりも著しく大きい場合をいう。

なお，この規定は売上高または使用量に基づくロイヤルティにのみ適用されるものであり，他の変動対価に適用することはできない点に留意が必要である。

一方で，売上高または使用量に基づくロイヤルティが，上記に該当しない場合，ステップ3の変動対価の規定（【2-14】～【2-16】参照）を適用する。

収益を認識するタイミング

売上高または使用量に基づくロイヤルティが，上記のいずれかに該当する場合は，下記の(1)または(2)のいずれか遅い時点で不確実性が解消すると考えられるため，その時点で実際の売上高または使用量に応じた金額で収益を認識する。

(1) 顧客がライセンスに関連して売上高を計上する時または顧客がライセンスを使用する時

(2) ロイヤルティの一部または全部が配分されている履行義務が充足（あるいは部分的に充足）される時

例題 7 ライセンスの供与：ライセンスが別個のものである場合

A社
（飲料
メーカー）

飲料Xの
製造販売ライセンス供与

原料Yの販売

B社
（顧客）

- A社（飲料メーカー）は，5年間にわたり飲料Xの製造販売ライセンスを B社（顧客）に供与するとともに，B社のために原料Yを販売する契約を締結した。
- A社はライセンス供与後，原料Yを販売するものの，飲料Xの製造販売に著しく影響を与えるようなサポート活動は行わない。
- 原料Yに特殊性はなく，A社以外からも調達することができる。

問題 ···

A社は飲料Xのライセンス供与に係る収益をどのように認識するべきか。

解説 ···

- 判定①：別個のものであるか否か（【2-9】～【2-11】参照）

原料Yを販売できる他のサプライヤーの存在により，B社は容易に利用できる資源と組み合わせてライセンスからの便益を享受することができ，A社は飲料Xのライセンス供与と原料Yの販売を別々に履行することができるため，飲料Xのライセンス供与と原料Yの販売は別個の履行義務であると判断した。

- 判定②：知的財産にアクセスする権利に該当するか（【3-8】参照）

A社は飲料Xのライセンス供与後，飲料Xの製造販売に著しく影響を与え

るようなサポート活動は行わないため，ライセンスは知的財産を使用する権利
に該当すると判断した。

結論 ··

　識別された履行義務とそれぞれの収益認識時点は下記のとおりであると判断
した。

識別された履行義務	収益認識時点
飲料Xの製造販売ライセンス供与	ライセンス供与時
原料Yの販売	原料Y販売時

例題 8　ライセンスの供与：フランチャイズ権

前提条件

- ファストフード事業を展開する A 社（フランチャイザー）は，B 社（加盟店）に対し，5 年間にわたり，A 社の商号を使用し，ファストフード店舗を営業する権利を提供するフランチャイズのライセンスを供与する契約を締結した。
- 契約によれば，A 社は，ライセンスを供与することに加え，B 社の店舗運営に使用する汎用設備を B 社に販売する。A 社は検討の結果，ライセンスの供与と設備の販売は，別個の履行義務であると判断した。
- A 社は，ライセンスの供与について，B 社の毎月の売上高の10％をロイヤルティとして受け取る。設備の対価は300,000千円で固定されており，設備の引渡時に支払われる。ロイヤルティと設備の対価はそれぞれ独立販売価格に相当するものとする。
- A 社は，フランチャイザーの取引慣行として，フランチャイズの評判を高めるため，新製品の開発や販促キャンペーンを行う。

問題

A 社はフランチャイズのライセンス供与に係る収益をどのように認識するべきか。

解説 ••

■判定①：知的財産にアクセスする権利に該当するか（【3-8】参照）

　契約の定めはないが，フランチャイズの評判を高めるために，新製品の開発
や販促キャンペーンをA社が行う取引慣行の存在により，B社はA社の活動
を合理的に期待しており，B社がフランチャイズから便益を享受する能力は，
A社の新製品の開発や販促キャンペーンに依存している。また，新製品の開
発や販促キャンペーンによってB社に財またはサービスは移転しない。よって，
ライセンスは知的財産にアクセスする権利に該当すると考えられる。

■判定②：取引価格の配分（【2-22】参照）

　ロイヤルティと設備の対価はそれぞれ独立販売価格に相当するため，B社の
売上高の10%のロイヤルティの全額をフランチャイズのライセンスを移転する
履行義務に配分する。

■判定③：売上高または使用量に基づくロイヤルティの性質（【3-9】参照）

　売上高に基づくロイヤルティの形式による対価は，フランチャイズのライセ
ンスのみに関連するものであるため，A社はB社の売上高が生じるにつれて
収益を認識する。

結論 ••

　識別された履行義務とそれぞれの取引価格および収益認識時点は下記のとお
りである。

識別された履行義務	取引価格	収益認識時点
フランチャイズのライセンス供与	B社の売上高の10%	B社の売上高が生じるにつれて
設備の販売	300,000千円	設備の販売時

3-10 買戻契約①：買戻契約の形態

■ 買戻契約の形態

	(1) 先渡取引	(2) コール・オプション	(3) プット・オプション
定義	将来の一時点で買い戻す取決め	企業が買い戻す権利	企業が買い戻す義務
企業による買戻し	義務	権利	顧客の要求による義務
支配	企業	企業	企業 or 顧客
会計処理	→【3-11】参照		→【3-12】参照

! この項目のポイント

■ 買戻契約には先渡取引，コール・オプション，プット・オプションの３つの形態がある。
■ 先渡取引またはコール・オプションに該当するか，プット・オプションに該当するかによって会計処理が異なる。

買戻契約の形態

　買戻契約とは，企業が商品または製品を販売するとともに，同一または別の契約において，その商品または製品を買い戻すことを約束するか，買い戻す権利または義務を有しているオプション契約であり，適用指針においては下記の３つの形態が示されている。

(1)　企業が商品または製品を買い戻す義務を有している（先渡取引）
　　　例：販売してから６か月後に，販売した資産を買い戻すこととなっている契約

(2)　企業が商品または製品を買い戻す権利を有している（コール・オプション）
　　　例：販売してから１年経過後に，販売した資産を買い戻す権利がある契約

(3)　企業が顧客の要求により商品または製品を買い戻す義務を有している（プット・オプション）
　　　例：販売してから１年経過後に，顧客がその資産を企業に売り戻す権利を有している契約

買い戻される資産

　買い戻される資産には下記が含まれる。

- 当初顧客に販売した商品または製品
- 当初顧客に販売した商品または製品と実質的に同一である商品または製品
- 当初顧客に販売した商品または製品を構成部分とする商品または製品

買戻契約の会計処理

　買戻契約の会計処理は先渡取引またはコール・オプションに該当するか，あるいはプット・オプションに該当するかによって取扱いが異なる。詳細は次頁以降で解説する。

3-11 買戻契約②：先渡取引とコール・オプション

■ 先渡取引またはコール・オプション

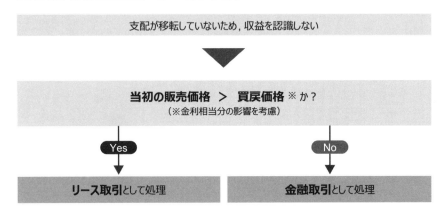

支配が移転していないため，収益を認識しない

当初の販売価格 ＞ 買戻価格 ※か？
（※金利相当分の影響を考慮）

Yes

No

リース取引として処理

金融取引として処理

<価格イメージ>

リース料に相当

当初
販売価格

買戻価格

金利に相当

当初
販売価格

買戻価格

■ 買戻契約が先渡取引またはコール・オプションに該当する場合には，顧客は商品または製品に対する支配を獲得しないため，企業は商品または製品の販売時に収益を認識することはできず，取引内容によりリース取引または金融取引として処理する。

先渡取引またはコール・オプション

　先渡取引またはコール・オプションの場合は，契約上，企業が商品または製品を買い戻すこととなっているか，あるいは買い戻す権利を有していることから，たとえ顧客が商品または製品を物理的に占有したとしても，顧客は商品または製品の使用を指図する能力や便益のほとんどすべてを享受する能力が制限されているため，商品または製品に対する支配を獲得していないと考えられる。したがって，この場合，企業は，商品または製品の販売時に収益を認識することはできず，取引の実態に応じて下記のように会計処理する。

当初の販売価格＞買戻価格のケース

　この場合，企業が得ることとなる当初の販売価格と買戻価格との差額は，実質的にその商品または製品を一定の期間にわたって使用する権利に対する対価であると考えることができる。そのため，企業はその契約をリース取引として処理する。なお，買戻価格を販売価格と比較する際には，金利相当分の影響を考慮する（以下，同様）。

当初の販売価格≦買戻価格のケース

　この場合，販売価格以上の金額で買い戻すため，企業は実質的に金利を支払うことになる。そのため，企業はその契約を金融取引として処理する。金融取引として処理する場合，企業は商品または製品を引き続き認識するとともに，顧客から受け取った対価について金融負債を認識する。また，顧客から受け取る対価と顧客に支払う対価の差額については，金利（および該当があれば加工コストまたは保管コスト等）として認識する。

　なお，オプションが未行使のまま消滅する場合には，コール・オプションに関連して認識した負債の消滅を認識し，収益を認識する。

3-12 買戻契約③：プット・オプション

■ プット・オプション

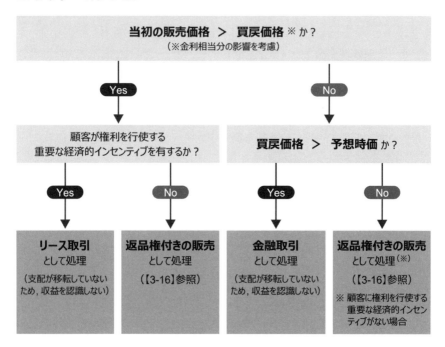

当初の販売価格 ＞ 買戻価格 ※ か？
（※金利相当分の影響を考慮）

Yes

No

顧客が権利を行使する
重要な経済的インセンティブを有するか？

買戻価格 ＞ 予想時価 か？

Yes

No

Yes

No

リース取引
として処理

（支配が移転していない
ため，収益を認識しない）

返品権付きの販売
として処理

（【3-16】参照）

金融取引
として処理

（支配が移転していない
ため，収益を認識しない）

返品権付きの販売
として処理 (※)

（【3-16】参照）

※ 顧客に権利を行使する
重要な経済的インセン
ティブがない場合

■ 買戻契約がプット・オプションに該当する場合，取引内容により，リース取引，金融取引または返品権付き販売として処理する。

プット・オプション

　買戻契約がプット・オプションに該当する場合，企業はまず先渡取引またはコール・オプションに該当する場合と同様に，当初の販売価格と買戻価格を比較する。

当初の販売価格＞買戻価格のケース

　顧客にプット・オプションを行使する重要な経済的インセンティブがある場合，企業が得ることとなる当初の販売価格と買戻価格との差額は，実質的にその商品または製品を一定の期間にわたって使用する権利に対する対価であると考えることができる。そのため，企業はその契約をリース取引として処理する。なお，買戻価格を販売価格と比較する際には，金利相当分の影響を考慮する（以下，同様）。

　顧客にプット・オプションを行使する重要な経済的インセンティブがない場合，顧客は商品または製品に対する支配を獲得するものの，その商品または製品を返品する権利を有している。そのため，企業はその契約を返品権付きの販売として処理する。

　ここで，重要な経済的インセンティブがあるか否かの判定にあたっては，買戻価格と買戻日時点での商品または製品の予想される時価との関係や，プット・オプションが消滅するまでの期間等を考慮する。

当初の販売価格≦買戻価格のケース

　買戻価格が将来の予想時価を上回る場合，企業は先渡取引とコール・オプションの当初の販売価格≦買戻価格のケース（【3-11】参照）と同様にその契約を金融取引として処理する。

　買戻価格が予想される時価以下の場合，顧客がオプションを行使する重要な経済的インセンティブを有していなければ，企業はその契約を返品権付きの販売として処理する。

例題 9 買戻契約： コール・オプションに該当する場合

前提条件 ···

- A社はX1年1月1日に，製品Xを5,000千円でB社（顧客）に販売する契約を締結した。契約には，X1年12月31日以前に製品Xを5,200千円で買い戻す権利をA社に与えるコール・オプションが含まれている。

問題 ···

① X1年12月31日にオプションが未行使のまま消滅した場合と，② X1年12月31日にオプションを行使した場合，A社は製品Xの販売契約についてどのように会計処理するべきか。

解説（【3-11】参照）···
- X1年1月1日（製品X販売時）

A社が製品Xを買い戻す権利（コール・オプション）を有しているため，B社が製品Xの使用を指図する能力や便益のほとんどすべてを享受する能力が制限されていることから，X1年1月1日時点で製品Xに対する支配はB社に移転していない。したがって，A社は製品Xの消滅を認識せず，製品Xの販売に係る収益も認識しない。また，本例題では，買戻価格は当初の販売価格以上であるため，A社はこの取引を金融取引として処理し，受け取った現金を借入金として認識する。

■X1年12月31日

① オプションが未行使のまま消滅した場合

　買戻価格と受け取った現金との差額について，支払利息を認識するとともに借入金を増額する。オプションは未行使のまま消滅したため，負債の消滅とともに収益を認識する。

② オプションを行使した場合

　買戻価格と受け取った現金との差額について，支払利息を認識するとともに借入金を増額する。オプションを行使し買戻しを実行したため，負債の消滅と支払を認識する。

結論 ……………………………………………………………………………

　A社は次のように会計処理を行う。

■X1年1月1日（製品X販売時）　　　　　　　　　　　　　　　　　（単位：千円）

（借）現 金 預 金	5,000	（貸）借 　 入 　 金	5,000

■X1年12月31日

① オプションが未行使のまま消滅した場合

（借）支 払 利 息	200	（貸）借 　 入 　 金	200
（借）借 　 入 　 金	5,200	（貸）売 　 上 　 高	5,200

② オプションを行使した場合

（借）支 払 利 息	200	（貸）借 　 入 　 金	200
（借）借 　 入 　 金	5,200	（貸）現 金 預 金	5,200

例題 買戻契約：
10 プット・オプションに該当する場合

前提条件 ···

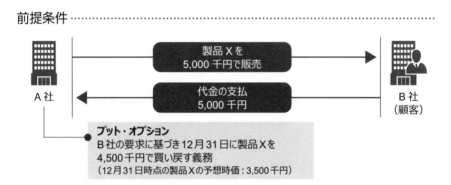

■ A 社は，X1年 1 月 1 日に，製品 X を5,000千円で B 社（顧客）に販売する契約を締結した。契約には，B 社の要求により，X1年12月31日に製品 X を4,500千円で買い戻す義務を A 社が負うプット・オプションが含まれている。X1年12月31日時点の製品 X の予想時価は3,500千円であった。

問題 ···

A 社は製品 X の販売契約についてどのように会計処理するべきか。

解説（【3-12】参照）···

　本例題では，買戻価格が当初の販売価格を下回っているため，B 社がプット・オプションを行使する重要な経済的インセンティブを有しているか否かを判定する必要がある。この点 A 社は，買戻価格が買戻日時点での製品 X の予想市場価値を大幅に上回るため，B 社がプット・オプションを行使する重要な経済的インセンティブを有していると判断した。

　したがって，A 社は，そのプット・オプションの行使により，X1年12月31日に製品 X を買い戻すことを前提として考える。その結果，B 社が製品 X の使用を指図する能力や便益のほとんどすべてを享受する能力が制限されており，

製品 X に対する支配は B 社に移転しないと判断した。

結論 ....

　以上より，A 社は【3-12】に記載のとおり，この取引をリース取引として処理する（具体的な会計処理はリース会計基準に従う）。

3-13 委託販売契約

■ 委託販売契約に関する判断が必要となるケースの例

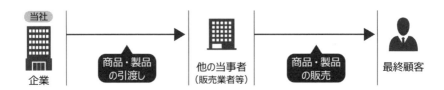

■ 委託販売契約に該当するかの判断

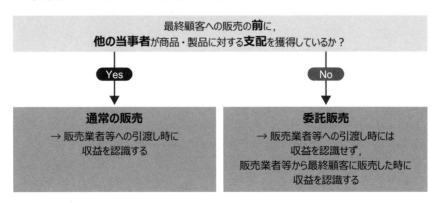

■ 委託販売契約に該当する場合，企業は他の当事者への商品または製品の引渡し時に収益を認識せず，他の当事者から最終顧客に商品または製品が販売された時点で収益を認識する。

他の当事者による支配の獲得の有無

商品または製品を最終顧客に販売するために，企業が販売業者または流通業者等の他の当事者に商品または製品を引き渡すことがある。この場合，企業は他の当事者がその時点で商品または製品の支配を獲得したか否かを判定する必要がある。

他の当事者が商品または製品に対する支配を獲得している場合

企業は商品または製品に対する支配が移転したときに収益を認識する。

他の当事者が商品または製品に対する支配を獲得していない場合

他の当事者は，委託販売契約における受託者として商品または製品を保有していると考えられる。この場合，企業は他の当事者への商品または製品の引渡し時に収益を認識せず，他の当事者から最終顧客に商品または製品が販売された時点で収益を認識する。

契約が委託販売契約であることを示す指標の例示

契約が委託販売契約であることを示す指標として，下記が例示されている。

(1) 販売業者等が商品または製品を顧客に販売するか所定の期間が満了するまで，企業が商品または製品を支配している。

(2) 企業が，商品または製品の返還を要求したり，第三者に商品または製品を販売したりすることができる。

(3) 販売業者等が，商品または製品の対価を支払う無条件の義務を有していない（ただし，販売業者等は預け金の支払を求められる場合がある）。

3-14 請求済未出荷契約

■ 請求済未出荷契約の例

- 顧客に保管場所がない
- 顧客の生産スケジュールの遅延

…等の理由で，請求はするが出荷はしない
（＝企業が物理的に占有する）

 企業が物理的に占有することが「保管サービス」として
履行義務に該当する場合があるため留意が必要！

■ 請求済未出荷契約の収益計上の要件

一時点で充足する履行義務の要件の検討 （【2-29】参照）

下記の要件を**すべて**満たすか？

1	請求済未出荷契約を締結した理由が合理的であること
2	商品または製品が，顧客のものとして他と区分して識別されていること
3	顧客に対して物理的に移転する準備が整っていること
4	企業が商品または製品を使用，または他の顧客へ振り向けられないこと

Yes ↓

No ↓

顧客が商品または製品の支配を
獲得している

顧客が商品または製品の支配を
獲得していない

請求済未出荷契約の概要

請求済未出荷契約とは，企業が商品または製品について顧客に対価を請求したが，その商品または製品を，将来，顧客に移転するまで企業が物理的に占有し続ける契約であり，例えば，顧客に保管場所がない場合や，顧客の生産スケジュールの遅延等の理由により締結されることがある。

請求済未出荷契約の収益計上の要件

請求済未出荷契約においても，他の契約と同じく，企業は顧客が商品または製品の支配をいつ獲得したかを考慮して，自社の履行義務の充足時期を判定する。具体的には，一時点で充足される履行義務に適用する通常の考慮事項（【2-29】参照）に加えて，請求済未出荷契約の特殊性を考慮して，下記の(1)から(4)の要件のすべてを満たす場合に，顧客が商品または製品の支配を獲得すると判断する。

(1) 請求済未出荷契約を締結した理由が合理的であること
(2) 商品または製品が，顧客のものとして他と区分して識別されていること
(3) 顧客に対して物理的に移転する準備が整っていること
(4) 企業が商品または製品を使用，または他の顧客へ振り向けられないこと

その他の履行義務を識別する必要性

請求済未出荷契約では，財の支配を顧客が獲得した後も企業が物理的な占有を続けていることから，財の販売に加えて保管サービスを提供していると考えられる場合がある。【2-9】の履行義務の識別の定めに従って検討した結果，この保管サービスが履行義務として識別される場合には，取引価格の一部をこの保管サービスに配分する必要があるため，請求済未出荷契約にこのような履行義務が含まれていないかを検討することが重要である。

3-15 顧客による検収

■ 顧客による検収

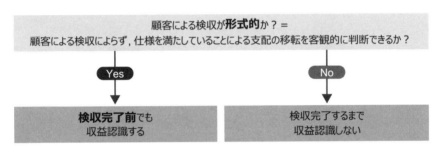

顧客による検収が**形式的**か？＝
顧客による検収によらず，仕様を満たしていることによる支配の移転を客観的に判断できるか？

Yes	No
検収完了前でも 収益認識する	検収完了するまで 収益認識しない

■ 顧客による検収の判断例

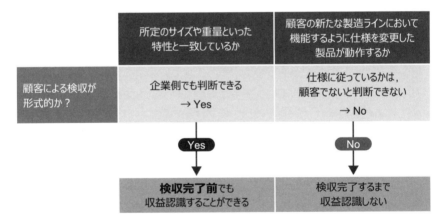

	所定のサイズや重量といった 特性と一致しているか	顧客の新たな製造ラインにおいて 機能するように仕様を変更した 製品が動作するか
顧客による検収が 形式的か？	企業側でも判断できる → Yes	仕様に従っているかは， 顧客でないと判断できない → No
	Yes	**No**
	検収完了前でも 収益認識することができる	検収完了するまで 収益認識しない

■ 顧客による検収が形式的なものである場合には，顧客が財またはサービスに
対する支配をいつ獲得するかの判断に影響を与えない。

顧客による検収が形式的なものか否かの判断

　顧客による財またはサービスの検収は，顧客がそれらの支配を獲得したこと
を示すことがある。ただし，契約で合意された仕様を満たしていることにより，
財またはサービスに対する支配が顧客に移転されたことが客観的に判断できる
場合には，顧客の検収は形式的なものと考えられる。そのような場合には，検
収は顧客が財またはサービスに対する支配をいつ獲得したかの判断に影響を与
えない。例えば，顧客の検収が，所定の大きさや重量という客観的に判断でき
る契約上の仕様を確認するものである場合には，それらの大きさや重量は顧客
の検収前に企業が判断できるため，企業は，顧客に支配が移転されたと判断し
て収益を認識するものと考えられる。

　一方で，顧客に移転する財またはサービスが契約において合意された仕様に
従っていることが客観的に判断できない場合は，顧客の検収が完了するまで，
顧客はその財またはサービスに対する支配を獲得せず，企業は収益を認識しな
い。

3-16 返品権付きの販売

■ 返品権付きの販売の概要

下記の**いずれか**を付与しているか？

1	顧客が支払った対価の全額または一部の返金を受ける権利
2	顧客が企業に対して負うまたは負う予定の金額から値引きを受ける権利
3	別の商品または製品への交換を受ける権利

Yes

返品権付きの販売として処理

■ 返品権付きの販売の会計処理

	対価	商品または製品
返品されると見込む部分	返金負債	資産（返品資産） （予想される回収費用を控除）※
それ以外	収益	売上原価

※ 回収費用には，陳腐化等による潜在的な価値の下落が含まれる。

返品権付きの販売の概要

　企業が顧客と締結する契約の中には，返品権が付されているもの（返品権付きの販売）もある。ここで，「返品権付きの販売」とは顧客に対する販売契約のうち，顧客が購入した商品または製品に関して，顧客がそれらを返品することにより，(1)顧客が支払った対価の返金を受けたり，(2)将来の購入や支払から値引きを受けたり，あるいは(3)別の商品等に交換することのできる権利が付されているものをいう。

返品権付きの販売の会計処理

　返品権付きの商品または製品（および返金条件付きで提供される一部のサービス）の対価は変動対価に該当し，下記のように会計処理する。

- ●返金負債…返品されると見込まれる商品または製品の対価は，収益を認識せず，返金負債を認識する。
- ●収益…企業が権利を得ると見込む対価の額（返金負債を除いた額）で認識する。
- ●資産（返品資産）…返金負債の決済時に顧客から商品または製品を回収する権利について，これらの商品または製品の移転当時の帳簿価額から予想される回収費用を控除した額で資産を認識する。なお，予想される回収費用にはこれらの商品または製品の価値の潜在的な下落の見積額が含まれる点に留意する。
- ●売上原価…販売した商品または製品の帳簿価額から，上記の資産（返品資産）の金額を控除して認識する。

　なお，返品権付きの商品または製品を販売した後は，各決算日において，企業が権利を得ると見込む対価および返金負債の額，ならびに返金負債の決済時に顧客から商品または製品を回収する権利として認識した資産の額をそれぞれ見直すとともに，すでに認識した収益の額および売上原価の額を増加または減少させて調整する。

前提条件 ・・

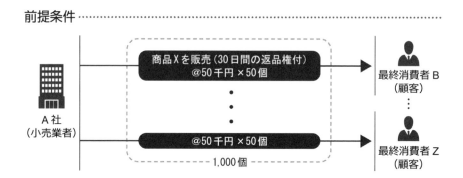

- A社（小売業者）は商品Xを単価50千円でさまざまな顧客に合計で1,000個販売する契約を締結した。これらの契約は特性が類似している。
- 商品Xは顧客の検収時点で支配が移転し，翌月末に支払が行われる。
- 契約には返品権が付されており，商品が未使用で30日以内であれば，顧客は購入時の単価にて返品を行うことができる。
- A社はこの販売について，総数で50個の商品が返品されるものと期待値により見込んでいる。これは，最も可能性の高い金額よりも，期待値に基づいたほうがより返品の見込みを適切に見積ることができると判断したためである。
- 商品Xの販売時点での帳簿価額は30千円であり，A社が販売後にこの商品を回収する場合に，重要な回収費用は生じない。また，商品Xの市況は安定しており，返品後に再販売した場合でも，販売損失は生じないと見込まれている。

問題 ・・・
返品権付きの販売の会計処理は具体的にどのように行うか。

解説（【3-16】参照）••

■ 具体的な会計処理

　A社が権利を得ると見込む950個分の収益を認識するが，返品されると見込む50個については収益を認識せず，返金負債を認識する。

　一方で，50個の商品Ⅹを回収する権利について資産を認識し，同額を売上原価から控除する。

（単位：千円）

	対価	商品
返品されると見込む部分 （50個）	返金負債 @50×50個＝2,500	資産（返品資産） @30×50個＝1,500 （回収費用は生じない）
それ以外 （1,000−50＝950個）	収益 @50×950個＝47,500	売上原価 @30×950個＝28,500

結論••

　従来の実務と比較して，返品見込みの商品Ⅹに係る対価2,500千円を収益ではなく返金負債として計上するほか，これらの商品Ⅹを回収する権利である1,500千円を資産として計上する。また，従来計上されていた返品調整引当金は計上されなくなる。具体的な会計処理は下記のとおりである。

■ 商品販売時

（借）売　掛　金	50,000千円	（貸）売　上　高	47,500千円
		（貸）返　金　負　債	2,500千円
（借）売　上　原　価	28,500千円	（貸）棚　卸　資　産	30,000千円
（借）資産（返品資産）	1,500千円		

3-17 工事契約等から損失が見込まれる場合の取扱い

■ 工事契約等から損失が見込まれる場合の取扱い

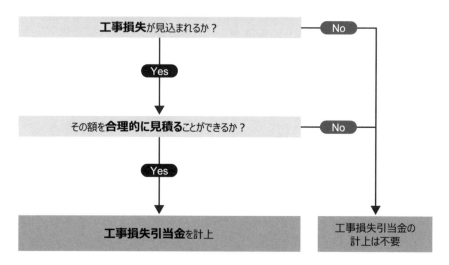

※ 受注制作のソフトウェアについても，工事契約に準じて取り扱う。

工事契約会計基準に含まれていた工事損失引当金の定めは，
収益認識基準に引き継がれており，従来の実務に変更はない！

■ 工事契約について，工事損失が見込まれ，その額を合理的に見積ることができる場合，その工事契約に関してすでに計上された損益の額を控除した残額を，工事損失が見込まれた期の損失として処理し，工事損失引当金を計上する。

工事契約等から損失が見込まれる場合の取扱い

工事契約について，工事原価総額等（販売直接経費を含む）が工事収益総額を超える可能性が高く，かつ，その金額を合理的に見積ることができる場合には，その超えると見込まれる額（以下「工事損失」という）から，その工事契約に関してすでに計上された損益の額を控除した残額を，工事損失が見込まれた期の損失として処理し，工事損失引当金を計上する。また，見込まれる工事損失の中に為替相場の変動による部分が含まれている場合には，その部分も含めて，工事損失引当金の計上の要否およびその額の算定を行うことになる。なお，受注制作のソフトウェアについても，工事契約に準じて適用する。

工事損失引当金の認識の単位は，工事契約の収益認識の単位と同一である。

表示について

工事損失引当金の繰入額は，損益計算書の売上原価として表示する。また，同一の工事契約に関する棚卸資産と工事損失引当金は，貸借対照表上，相殺表示が可能である。

注記事項等の定め

収益認識基準では，工事契約会計基準における工事損失引当金に係る注記事項の定めが引き継がれている。すなわち，下記の注記が求められる。

(1) 当期の工事損失引当金の繰入額
(2) 同一の工事契約に関する棚卸資産と工事損失引当金がともに計上されることとなる場合，次の①または②のいずれかの額（該当する工事契約が複数存在する場合には，その合計額）
   ① 棚卸資産と工事損失引当金を相殺せずに両建てで表示した場合その旨およびその棚卸資産の額のうち工事損失引当金に対応する額
   ② 棚卸資産と工事損失引当金を相殺して表示した場合その旨および相殺表示した棚卸資産の額

工事損失引当金

前提条件 ···

- A社（建設業）は、X1年度の期首に、高層ビルの建設についての工事契約を締結した。
- 契約で取り決められた当初の工事収益総額は100,000千円であり、A社の工事原価総額の当初見積額は95,000千円である。
- 高層ビルの建設には3年を要する予定である。
- X1年度末およびX2年度末において、A社の工事原価総額の見積額はそれぞれ97,000千円および105,000千円に増加したが、工事契約金額の見直しは行われなかった。
- A社は、決算日における工事進捗度を原価比例法により算定している。各年度末における工事収益総額、見積工事原価総額および決算日における工事進捗度は下記のとおりである。

（単位：千円）

	X1年度	X2年度	X3年度
工事収益総額	100,000	100,000	100,000
過年度に発生した工事原価の累計	—	29,100	78,750
当期に発生した工事原価	29,100	49,650	26,250
完成までに要する工事原価	67,900	26,250	—
見積工事原価総額	97,000	105,000	105,000
工事利益総額（損失△）	3,000	△5,000	△5,000
決算日における工事進捗度	30%	75%	100%

問題 ··

工事損失引当金の会計処理は具体的にどのように行うか。

解説（【3-17】参照）··

工事損失引当金の会計処理は，工事契約会計基準による定めとの相違はない。

結論 ··

各年度において，次のとおり工事損失引当金の会計処理を行う。

■X1年度

工事収益30,000千円（＝100,000千円×30％）および工事原価29,100千円が計上される。工事全体で3,000千円の利益が生じる見込みであり，工事損失引当金は計上されない。

■X2年度

工事収益45,000千円（＝100,000千円×75％－30,000千円）および工事原価49,650千円が計上される。工事原価総額の見直しの結果，工事全体で5,000千円の損失が発生する見込みとなったため，工事損失引当金が下記のとおり計上される。

（借）売　上　原　価　　1,250千円	（貸）工事損失引当金 ^{（＊1）}1,250千円

（＊1）見積工事損失△5,000千円
　　　－X1年度計上利益900千円（＝30,000千円－29,100千円）
　　　－X2年度計上損失△4,650千円（＝45,000千円－49,650千円）

■X3年度

工事が完成し，工事収益25,000千円（＝100,000千円－（30,000千円＋45,000千円））および工事原価26,250千円が計上される。これに伴い，工事損失が実現したため，工事損失引当金が下記のとおり取り崩される。

（借）工事損失引当金　　1,250千円	（貸）売　上　原　価　　1,250千円

◆コラム◆　ポイント制度を導入している場合は処理が複雑になる？

　小売業やサービス業等では，顧客へのインセンティブとして，ポイント制度を導入している企業が増えています。現行実務においては，商品やサービスの購入に伴い顧客にポイントを付与する場合，商品やサービスを提供した時に（または提供するにつれて）対価の全額を認識し，顧客による将来のポイント使用に関して必要と見込まれる額については，期末に引当計上していることが多いと思われます。しかし，収益認識基準では，【3-4】にあるように，ポイントのうち，商品やサービスを購入しなければ得られない重要な権利を顧客に提供するものは，別個の履行義務として識別し，対価の一部をポイントに配分することが必要となります。すなわち，現行実務とは異なり，ポイントが使用されるか失効するまでは，対価の一部が繰り延べられることになります。

　しかし，企業が顧客に付与するポイントのすべてが別個の履行義務になるわけではありません。例えば，来店ポイントや誕生日ポイント，アンケートやゲーム等でもらえるポイント等（いずれも，入会金や年会費が不要の制度を前提）は，商品やサービスを購入しなければ得られないものではないため，別個の履行義務には該当しないと考えられます。ただし，顧客が将来ポイントを使用した場合には商品やサービスと交換する義務があるため，別途，引当処理の必要性について検討することが必要と考えられます。

　ポイント制度は，顧客にとっては魅力的な制度であり，ポイントを使ったキャンペーンも多く実施されていますが，これを収益認識基準に従って会計処理する際には，例えば以下のような実務上難しい論点が出てくることが考えられます。

- ■ ポイントの独立販売価格をどのようにして見積るのか？（特に，いろいろなものに交換可能な場合）
- ■ 別個の履行義務であるポイントと引当対応すべきポイントが混在している場合，どのように区別し，会計処理するのか？
- ■ 現行の会計システムにおいて残高でのみ把握しているポイントに関する履行義務の発生・充足状況をどのように捕捉して会計処理するのか？
- ■ 自社発行のポイントが自社と他社のいずれの商品・サービスにも交換可能である場合，どのように考えるのか？

　ポイントに関する論点は，上記以外にもさまざまなものがあります。会計上の整理が容易でないものも多く，また業務フローやシステムにも影響が出てくる可能性があります。ポイント制度を導入している場合には，早めに検討を始めることが肝要です。

第 **4** 章

重要性等に関する
代替的な取扱い

■ 代替的な取扱い

ステップ	関連する領域	代替的な取扱い	解説箇所
1	契約変更	重要性が乏しい場合の取扱い	【4-2】
2	履行義務の識別	顧客との契約の観点で重要性が乏しい場合の取扱い	【4-3】
		出荷および配送活動に関する会計処理の選択	【4-4】
5	一定の期間にわたり充足される履行義務	期間がごく短い工事契約および受注制作のソフトウェア	【4-5】
		船舶による運送サービス	【4-6】
5	一時点で充足される履行義務	出荷基準等の取扱い	【4-7】
5	履行義務の充足に係る進捗度	契約の初期段階における原価回収基準の取扱い	【4-8】
4	履行義務への取引価格の配分	重要性が乏しい財またはサービスに対する残余アプローチの使用	【4-9】
1 2 4	契約の結合，履行義務の識別，および独立販売価格に基づく取引価格の配分	契約に基づく収益認識の単位および取引価格の配分	【4-10】
		工事契約および受注制作のソフトウェアの収益認識の単位	【4-11】
5	その他の個別事項	有償支給取引	【4-12】

- 従来の実務等に配慮し，収益認識基準の適用上の課題に対応するために代替的な取扱いが定められている。
- 代替的な取扱いの適用にあたり，金額的な影響を集計して重要性の有無を判定する必要はない。

代替的な取扱い

　収益認識基準には，IFRS第15号の定めが基本的にすべて取り入れられているが，これらの定めをそのまま適用する場合には，契約の結合，工事完成基準，出荷基準，有償支給取引等に関する従来の実務との乖離や，契約変更，履行義務の識別，独立販売価格の見積り等による工数増加など，さまざまな課題が生じることが懸念される。

　そこで，従来の実務等に配慮し，わが国における適用上の課題に対応するため，適用指針においては，IFRS第15号における取扱いとは別に，財務諸表間の比較可能性を大きく損なわせない範囲で，重要性が乏しい場合の取扱い等，個別項目に対する代替的な取扱いが定められている。

代替的な取扱い適用のための重要性の判断

　これらの代替的な取扱いの適用にあたっては，個々の項目の要件に照らして適用の可否を判定することとなる。ここで，個々の項目単位では代替的な取扱いの適用要件を満たすものの，それらを集計した金額に重要性がある場合の取扱いが論点となりうる。この点，企業による過度の負担を回避するため，個々の項目単位で代替的な取扱いの適用要件を満たす場合には，全体としての金額的影響を集計して重要性の有無を判定する必要はないこととされている。

■ 重要性が乏しい場合の取扱い

前提条件

- A社は，製品Xを販売する契約をB社と締結した。
- 製品Xを引き渡す前に契約が変更され，
  製品Yの販売を追加するとともに，契約の価格が増額された。

原則 （【2-7】参照）

契約変更の内容が各規定の要件を充足するか否かを
検討し，下記のうちどの処理を採用すべきかを判断する。

① 独立した契約として処理

② 既存の契約を解約して新しい契約を締結したもの
   として処理

③ 既存の契約の一部であるとして処理

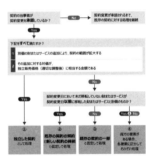

代替 契約変更の内容が既存の契約内容に照らして重要性が乏しい場合

契約変更の内容が各規定の要件を充足するか否か
の検討は不要。

上記のいずれの処理も選択可能。

■ 契約変更による財またはサービスの追加が既存の契約内容に照らして重要性が乏しい場合には，変更内容にかかわらず，収益認識基準に示されている契約変更の会計処理のいずれの方法を用いることも認められる。

原則的な取扱い

収益認識基準では，契約変更時の会計処理として，「独立した契約として処理」，「既存の契約を解約して新しい契約を締結したものとして処理」，「既存の契約の一部であるとして処理」の3つが定められており，ある契約変更についてどの処理とすべきかを判断するための要件が定められている（【2-7】参照）。

代替的な取扱いが設けられた背景

原則的な取扱いに従う場合には，特に，契約変更が頻繁に起こるような企業について，多大な実務負担を強いることになると考えられる。この点，契約変更の内容が既存の契約内容に照らして重要性が乏しい場合には，財務諸表間の比較可能性を大きく損なうものではないと考えられるため，重要性に関する代替的な取扱いが定められている。

代替的な取扱い

契約変更による財またはサービスの追加が既存の契約内容に照らして重要性が乏しい場合は，契約変更を上記3つの会計処理のいずれで処理することも認められる。

4-3 履行義務の識別①：顧客との契約の観点で重要性が乏しい場合の取扱い

■ 顧客との契約の観点で重要性が乏しい場合の取扱い

前提条件

- A社は，製品Xおよび製品Yを販売する契約を
  B社と締結した。

原則 （【2-8】〜【2-12】参照）

別個の履行義務として識別するか否かを評価する。

別個の履行義務かどうかを評価

代替 製品Yが，契約全体に対し，金額的および性質的に重要性が乏しい場合

別個の履行義務か否かの評価を行わないことが
できる。
製品Xの収益認識時に，取引価格全額を収益と
して計上する。

■ 契約に含まれる財またはサービスのうち，契約全体に対して，金額的および性質的に重要性が乏しいものについては，履行義務に該当するか否かの評価を行わないことができる。

原則的な取扱い

収益認識基準によれば，取引開始日に，契約（結合後の契約を含む）の中に複数の財またはサービスが含まれている場合には，ステップ2の2つの要件（【2-8】～【2-12】参照）に照らして，それぞれを別個の履行義務として識別すべきかを評価する必要がある。

代替的な取扱いが設けられた背景

原則的な取扱いに従う場合には，企業に多大な負担を強いる可能性も考えられる。この点，米国会計基準では，企業による過度の負担を避ける目的で重要性の観点から代替的な取扱いが定められている。契約において顧客と約束している財またはサービスが，顧客との契約の観点で重要性が乏しいものである場合には，財務諸表間の比較可能性を大きく損なうものではないと考えられることから，米国会計基準を参考として，履行義務の識別に関する代替的な取扱いが定められている。

代替的な取扱い

約束した財またはサービスが，顧客との契約の観点で重要性が乏しい場合には，それが別個の履行義務として識別すべきものであるかについて評価しないことができる。なお，顧客との契約の観点で重要性が乏しいか否かの判定にあたっては，金額的および性質的な観点から，契約全体における相対的な重要性を検討する。

4-4 履行義務の識別②： 出荷および配送活動に関する会計処理の選択

■ 出荷および配送活動に関する会計処理の選択

前提条件

- A社は，製品XをB社に販売する。
- A社は，B社が支配を獲得した**後**に，製品XをB社倉庫へ配送する。

原則 （【2-8】～【2-12】参照）

別個の履行義務として識別する。

代替

配送活動を履行義務として識別しないことができる。

150 　㊒32　㊿4, 94, 167

■ 顧客が商品または製品に対する支配を獲得した後に行う出荷および配送活動
については，履行義務として識別しないことができる。

原則的な取扱い

　収益認識基準では，契約における取引開始日に，顧客に財またはサービスを
移転する約束のうち別個のものについて，それぞれ履行義務として識別する必
要がある。

代替的な取扱いが設けられた背景

　取引の中には，顧客が商品または製品に対する支配を獲得した後に，企業が
顧客の求める場所までその商品または製品を出荷および配送をすることも多い
が，収益認識の基本原則に従う場合には，このような出荷および配送活動は，
商品または製品の移転とは別個の履行義務として識別され，その履行義務の充
足に応じて収益を認識することになると考えられる。

　しかし，この取扱いを企業に求める場合には，企業の実務負担が多大となる
おそれがある。そこで，米国会計基準の取扱いも参考に，わが国の実務におけ
るコストと便益を比較衡量した結果，代替的な取扱いを定めることとなった。

代替的な取扱い

　顧客が商品または製品に対する支配を獲得した後に行う出荷および配送活動
については，履行義務として識別するのではなく，商品または製品を移転する
約束を履行するための活動として処理することができる。この代替的な取扱い
の適用にあたっては，適用指針本文に重要性に関する言及がないため，その出
荷および配送活動が契約全体に対して重要であるか否かの判断を行う必要はな
い。

　わが国の従来の実務においては，商品および製品の販売と出荷および配送活
動を区分することなく収益認識していることが多いと考えられる。その代替的
な取扱いを採用することにより，従来の実務と同様の会計処理を行うことがで
きる。

4-5 一定の期間にわたり充足される履行義務①： 期間がごく短い工事契約および受注制作の ソフトウェア

■ 期間がごく短い工事契約および受注制作のソフトウェア

前提条件
• A社は，B社のソフトウェアを受注制作する。

原則 （【2-27】参照）

一定の期間にわたり収益認識する。

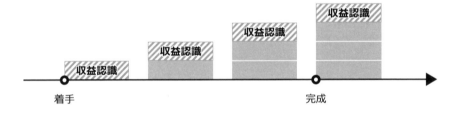

代替 製作にかかる期間がごく短い場合

完全に履行義務を充足した時点で収益認識することができる。

📢 この代替的な取扱いは，工事契約および受注制作のソフトウェア**のみ**に適用される。

原則的な取扱い

工事契約およびソフトウェアの受注制作契約における履行義務についても，他の履行義務と同様に，【2-27】の3つの要件のいずれかを満たす場合には，資産に対する支配を顧客に一定の期間にわたり移転することになるため，一定の期間にわたり収益を認識する。

代替的な取扱いが設けられた背景

収益認識基準の適用時に廃止となる，現行の工事契約会計基準では，「工期がごく短いもの」に関する記述があり，そのような取引については，金額的にも性質的にも重要性に乏しい場合が多いと想定され，工事進行基準を適用する必要はなく，通常，工事完成基準を適用することになると考えられる，とされている。同基準に記載されているとおり，工期がごく短いものである場合には，通常，金額的な重要性が乏しいと想定され，完成時に収益を認識したとしても財務諸表間の比較可能性を大きく損なうものではないと考えられるため，代替的な取扱いが定められている。

代替的な取扱い

工事契約および受注制作のソフトウェアについて，契約における取引開始日から完全に履行義務を充足すると見込まれる時点までの期間がごく短い場合には，一定の期間にわたり収益を認識せず，完全に履行義務を充足した時点で収益を認識することができる。

なお，この取扱いは，工事契約および受注制作のソフトウェアに関する従来の取扱いを踏襲するものであり，この取扱いの範囲を変更することは意図していないため，工事契約および受注制作のソフトウェア以外の類似する取引には適用することができないことに留意が必要である。

4-6 一定の期間にわたり充足される履行義務②：船舶による運送サービス

■ 船舶による運送サービス

前提条件

- A社（船会社）はB社およびC社に対し，船舶による運送サービスを提供する。
- A社の船舶は，空船でX港を出発する。
- B社の貨物1はY港からX港へ，C社の貨物2はY港からZ港へ運送する。
- 貨物1と貨物2の契約は結合できない。

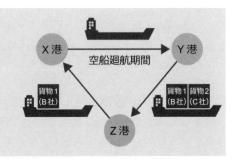

原則 （【2-8】,【2-28】参照）

貨物1および貨物2について，それぞれ一定の期間にわたり収益認識する。

代替 X港 → Y港 → Z港→ X港の航海期間が通常の期間である場合

貨物1および貨物2をまとめて，航海期間全体にわたり，収益認識する。
この場合，空船廻航期間においても，収益認識することになる。

- 船舶による運送サービスで，一定の期間にわたり収益を認識するもののうち，一航海の期間が通常の期間であるものについては，複数の顧客との契約によるものであっても，船舶の一航海全体を1つの履行義務として識別して収益を認識することができる。
- この代替的な取扱いは，船舶による運送サービスにのみ適用される。

原則的な取扱い

　海運業では，1隻の船舶に多数の顧客の多種多様な貨物を合わせて積載し，顧客が指定する場所へ運送している。

　収益認識基準の定めは，原則として顧客との個々の契約を対象として適用することとされている。そのため，複数の顧客の貨物を積載する船舶による運送サービスについては，個々の顧客との契約についてそれぞれ履行義務を識別し，一定の期間にわたって収益認識を行うものと考えられる。

代替的な取扱いが設けられた背景

　前述のような取引に原則的な定めを適用する場合には，海運業を営む企業に過度な負担を強いる可能性がある。一定の期間にわたり収益認識する船舶による運送サービスについて，一航海の船舶が発港地を出発してから帰港地に到着するまでの期間が通常の期間である場合には，その期間は短期間と想定され，一航海全体を1つの履行義務として収益認識しても，財務諸表間の比較可能性を大きく損なうものではないと考えられるため，この点に関する代替的な取扱いが設けられている。

代替的な取扱い

　船舶の一航海の期間が内航海運または外航海運における通常の期間である場合には，一定の期間にわたり収益を認識する船舶による運送サービスについて，顧客との契約（貨物）単位ではなく，船舶の一航海を1つの履行義務としたうえで，その期間にわたり収益を認識することができる。

　なお，この代替的な取扱いにおける「船舶の一航海の期間」とは，船舶が発港地を出発してから帰港地に到着するまでの期間であり，運送サービスの履行に伴う空船廻航期間（貨物の輸送のために貨物を積載しない状態で航海する期間）を含み，運送サービスの履行を目的としない船舶の移動または待機期間を除く期間をいう。

4-7 一時点で充足される履行義務：出荷基準等の取扱い

■ 出荷基準等の取扱い

前提条件

- A社は，製品XをB社に販売する。その取引は国内販売である。
- B社による検収時に製品Xの支配がB社に移転する。
- 製品XはA社工場から出荷され，数日後にB社工場で検収される。

原則 （【2-29】参照）

支配が顧客に移転される時点（検収時）で収益認識する。

代替 出荷時から支配の移転時（例：検収時）までの期間が通常の期間である場合

出荷時から支配が顧客に移転されるまでの一時点（例：出荷時や着荷時）で
収益認識することができる。

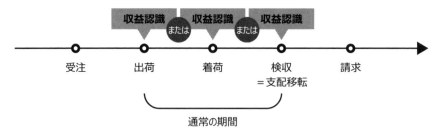

■ 商品または製品の国内販売については，出荷時から商品または製品の支配が
顧客に移転される時までの期間が通常の期間である場合には，この期間内の
一時点（例えば，出荷時や着荷時）に収益を認識することができる。

原則的な取扱い

　商品または製品の販売においては，商品または製品の支配が顧客に移転され
る時（例えば顧客による検収時）に収益を認識する。

代替的な取扱いが設けられた背景

　従来，わが国においては，実現主義の原則に従って売上計上するにあたり，
出荷基準も幅広く用いられてきた。しかし，前述の原則的な取扱いに従う場合
には，出荷基準が認められない場合も出てくると考えられる。この点，国内販
売を前提に，出荷時から顧客への支配の移転時までの期間が通常の期間である
場合には，出荷時における収益認識と支配移転時における収益認識との差異が，
通常，金額的な重要性に乏しいと想定され，財務諸表の比較可能性を大きく損
なうものではないと考えられることから，代替的な取扱いが設けられている。

代替的な取扱い

　商品または製品の国内販売においては，出荷時から商品または製品の支配が
顧客に移転される時までの期間が通常の期間である場合には，この期間内の一
時点（例えば，出荷時や着荷時）に収益を認識することができる。なお，ここ
で「通常の期間」とは，国内における出荷および配送に要する日数に照らして
取引慣行ごとに合理的と考えられる日数をいい，国内配送では，数日間程度の
取引が多いものと考えられる。

■ 契約の初期段階における原価回収基準の取扱い

前提条件

- A社（3月決算）は建物を建設する契約を100の対価で，B社と締結した。
- この契約に含まれる履行義務は一定の期間にわたって充足されるものとする。
- X1年3月期：進捗度を合理的に見積ることができない。
  なお，発生した原価は3で，全額回収できると見込んでいる。
- X2年3月期：発生した原価は37で，工事全体の予想原価は80と見積った。

原則 （【2-28】参照）

進捗度を合理的に見積ることができる時まで，原価回収基準により処理する。
工事完成基準は採用できない。

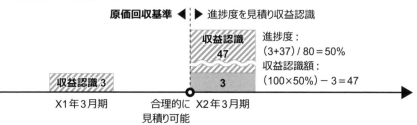

代替 X1年3月期はこの工事の初期段階である場合

進捗度を合理的に見積ることができる時から収益を認識することができる。
原価回収基準は適用しない。

■ 契約の初期段階において，履行義務の充足に係る進捗度を合理的に見積ることができない場合には，原価回収基準を適用せず，合理的に見積ることができる時から収益を認識することができる。

原則的な取扱い

　履行義務が一定の期間にわたり収益認識すべきものである場合には，履行義務の充足に係る進捗度を見積り，その進捗度に基づき一定の期間にわたり収益を認識する。

　履行義務の充足に係る進捗度を合理的に見積ることができないが，その履行義務を充足する際に発生するコストを回収することが見込まれる場合には，履行義務の充足に係る進捗度を合理的に見積ることができる時まで，原価回収基準により処理する（【2-28】参照）。

代替的な取扱いが設けられた背景

　収益認識基準における前述の取扱いは，進捗部分について成果の確実性が認められない場合は工事完成基準を適用する，としている現行の工事契約会計基準の取扱いとは異なるものである。しかし，詳細な工事実行予算が編成される前等の契約の初期段階においては，その段階で発生したコストの額に重要性が乏しいと考えられ，この契約の初期段階に回収することが見込まれるコストの額で収益を認識しないとしても，財務諸表間の比較可能性を大きく損なうものではないと考えられることから，代替的な取扱いが設けられている。

代替的な取扱い

　契約の初期段階において，履行義務の充足に係る進捗度を合理的に見積ることができない場合には，その契約の初期段階に収益を認識せず，進捗度を合理的に見積ることができる時から収益を認識することができる。

4-9 履行義務への取引価格の配分：重要性が乏しい財またはサービスに対する残余アプローチの使用

■ 重要性が乏しい財またはサービスに対する残余アプローチの使用

前提条件

- A社は製品X, Y, Zを対価100で販売する契約をB社と締結した。
- 観察可能な独立販売価格は下記のとおり
  製品X：77, 製品Y：22
- 製品Zは，販売実績があり，異なる顧客に販売する際の価格帯は一定の幅にまとまっているが，いつも同じ価格で販売しているわけではない。
  ⇒ 独立販売価格が観察できないため，見積りが必要
  → 残余アプローチを使用できるか？

原則 （【2-23】参照）

要件を満たさないため，残余アプローチは使用できない。

	残余アプローチの利用要件	判定
1	異なる顧客に同時またはほぼ同時に幅広い価格帯で販売している（典型的な独立販売価格が識別できず，販売価格が大きく変動する）	No
2	価格が未設定であり，販売実績もない（販売価格が未確定）	No

代替 製品Zは製品Xに付随的なものであり，重要性が乏しい場合

残余アプローチを使用することができる。

残余アプローチ

原則的な取扱い

収益認識のステップ4では，取引価格を各履行義務の基礎となる財またはサービスの独立販売価格の比率に基づき，各履行義務に配分することとされているため，取引開始日における，個々の財またはサービスの独立販売価格を算定する必要がある。

収益認識基準では，財またはサービスの独立販売価格を直接観察できない場合の見積方法として，契約における取引価格の総額から契約において約束した他の財またはサービスについて観察可能な独立販売価格の合計額を控除して見積る方法（残余アプローチ）が示されているが，この方法は所定の要件に該当する場合に限り使用できる（【2-23】参照）。

代替的な取扱いが設けられた背景

実務上は，独立販売価格を見積ることが極めて困難なケースも想定されるが，残余アプローチは，前述のとおり，限定的な場合に限り使用できる方法とされている。この点，契約における財またはサービスが，契約における他の財またはサービスに付随的なものであり，重要性が乏しいと認められるときには，残余アプローチを使用しても財務諸表間の比較可能性を大きく損なうものではないと考えられることから，代替的な取扱いが設けられている。

代替的な取扱い

履行義務の基礎となる財またはサービスの独立販売価格を直接観察できない場合で，その財またはサービスが，契約における他の財またはサービスに付随的なものであり，重要性が乏しいと認められるときには，その独立販売価格の見積方法として，残余アプローチを使用することができる。

4-10 契約の結合等①：契約に基づく収益認識の単位および取引価格の配分

■ 契約に基づく収益認識の単位および取引価格の配分

前提条件

- A社は製品Xをaで販売する契約と、製品Yをbで販売する契約をB社と同時に締結した。

- 独立販売価格は下記のとおり
  製品X：a′
  製品Y：b′

原則 （【2-6】,【2-8】,【2-22】参照）

実質的に1つの契約として処理する。
（同一の顧客と同時の契約であるため）

独立販売価格の比率で取引価格を配分

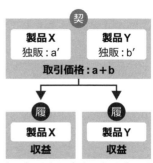

$(a+b)\times a'/(a'+b')$ $(a+b)\times b'/(a'+b')$

代替 個々の契約が実質的な取引単位であり，かつ各契約の金額が独立販売価格と著しく異ならない場合

取引価格が独立販売価格と著しく異ならないため，
契約単位で収益を認識することができる。

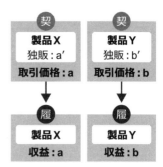

■ 個々の契約が当事者間で合意された実質的な取引の単位であり，財または
サービスの取引価格が独立販売価格と著しく乖離するものではない場合には，
契約を収益認識の単位とし，契約における財またはサービスの金額に基づき
収益を認識することができる。

原則的な取扱い

同一顧客と同時またはほぼ同時に締結された複数の契約が，実質的に1つの
契約であると判断される場合には，契約を結合し，履行義務を識別したうえで，
独立販売価格の比率に基づき取引価格を各履行義務に配分する必要がある。

代替的な取扱いが設けられた背景

従来の実務では，一定の定めがあるものを除き，契約書単位で収益を認識す
ることが多かったと思われるため，原則的な取扱いによると，これまでにな
かった業務が必要となり，企業に多大な負担が生じる可能性があるが，契約を
結合した場合と結合しなかった場合とで会計処理の結果に差異がないケースも
考えられる。また，わが国では契約書は企業と顧客が諸条件を合意したもので
あり，その履行に法的責任を伴うものであるため，契約書に客観的な合理性を
認めるべきであるとの意見もある。

一方，契約に基づく収益認識の単位および取引価格の配分を無条件に認める
と，IFRS第15号における会計処理の結果と乖離するケースもあることが懸念
される。そこで，企業の過度の負担回避とともに，財務諸表の比較可能性確保
のため，代替的な取扱いが設けられている。

代替的な取扱い

顧客との個々の契約が当事者間で合意された取引の実態を反映する実質的な
取引の単位であると認められ，かつ，それぞれの契約における財またはサービ
スの金額が合理的に定められているため，それらの金額が独立販売価格と著し
く異ならないと認められる場合には，複数の契約を結合せず，個々の契約にお
ける財またはサービスの内容を履行義務とみなして，個々の契約による財また
はサービスの金額に基づき収益を認識することができる。なお，【2-24】のよ
うな場合には契約における財またはサービスの金額が独立販売価格と著しく異
なる可能性があるため，代替的な取扱いによることはできない。

4-11 契約の結合等②：工事契約および受注制作の ソフトウェアの収益認識の単位

■ 工事契約および受注制作のソフトウェアの収益認識の単位

前提条件

- A社は，B社およびC社と同時に工事契約を締結した。 （＝異なる顧客と同時に締結した契約）
- A社とB社間およびA社とC社間で合意された実質的 な取引の単位を反映するには，A社とB社間およびA 社とC社間の契約書上の取引を結合する必要がある。

原則 （【2-6】参照）

契約は結合しない。

（「同時」に締結されてはいるが，「同一の顧客」と締結 されたものではないため）

代替 原則的な取扱いによる収益認識の時期および金額との差異に重要性が乏しい場合

契約を結合することができる。

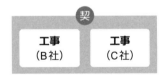

※ 同一の顧客と異なる時点で締結した契約の場合についても，原則・代替ともに上記ケースと同じ処理となる。

■ 工事契約および受注制作のソフトウェアについて，原則的な取扱いによる収益認識の時期および金額との差異に重要性が乏しい場合には，実質的な取引の単位を反映するように複数の契約を結合し，単一の履行義務として識別することができる。

原則的な取扱い

　複数の契約は，同一の顧客（その顧客の関連当事者を含む）と同時またはほぼ同時に締結し，かつ所定の要件に該当する場合（【2-6】参照）に結合し，結合後の契約においていくつの履行義務があるかを識別する。

代替的な取扱いが設けられた背景

　収益認識基準により差し替えとなる工事契約会計基準においては，工事契約について契約書が当事者間で合意された実質的な取引の単位を適切に反映していない場合には，これを反映するように複数の契約書上の取引を結合して工事契約に係る認識の単位とすることとされていた。そのため，実務上は，異なる顧客と締結した複数の契約や異なる時点に締結した複数の契約であっても，それらが実質的な取引の単位であると認められる場合には，それらを結合して収益認識していたと考えられる。しかし，収益認識基準の原則的な取扱いによる場合には，そのような契約は結合されないこととなる。

　ただし，従来の実務における取扱いと収益認識基準の原則的な取扱いに従った場合の収益認識の時期および金額の差異に重要性が乏しい場合には，財務諸表間の比較可能性を大きく損なうものではないと考えられることから，代替的な取扱いが設けられている。

代替的な取扱い

　工事契約および受注制作のソフトウェアについて，当事者間で合意された実質的な取引の単位を反映するように複数の契約（異なる顧客と締結した複数の契約や異なる時点に締結した複数の契約を含む）を結合した場合と，これらの複数の契約について原則的な取扱いに従った場合の収益認識の時期および金額の差異に重要性が乏しいと認められる場合には，それらの複数の契約を結合し，単一の履行義務として識別することができる。

4-12 その他の個別事項：有償支給取引

■ 有償支給取引の概要

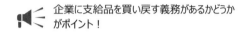

企業に支給品を買い戻す義務があるかどうか
がポイント！

企業 ──支給品（Ⓐ）原材料等を有償で譲渡──▶ 支給先（Ⓐを加工）

支給先（Ⓐを加工）──加工品（Ⓐを含む）──▶ 企業

■ 有償支給取引における収益認識

	支給品を買い戻す義務なし	支給品を買い戻す義務あり	
		原則	代替（個別財務諸表のみ）
譲渡に係る収益の認識	しない	しない	しない
支給品の取扱い	自社在庫から減額する	自社在庫として認識し続ける	自社在庫から減額する

有償支給取引における収益認識

　有償支給取引では，企業から支給先へ支給品が譲渡された後の取引や契約の形態はさまざまであることから，企業は各取引の実態に応じて，その支給品を買い戻す義務の有無を判断する必要がある。

1．企業が支給品を買い戻す義務を負っていない場合

　支給品の譲渡に係る収益と最終製品の販売に係る収益が二重に計上されることを避けるために，企業は支給品の消滅を認識するが，その支給品の譲渡に係る収益は認識しない。

2．企業が支給品を買い戻す義務を負っている場合

① 原則的な取扱い

　支給先がその支給品の使用を指図する能力やその支給品からの残りの便益のほとんどすべてを享受する能力が制限されているため，その支給品に対する支配は支給先には移転しておらず，引き続き企業が有していると考えられる。よって，企業は支給品の譲渡に係る収益を認識せず，その支給品の消滅も認識しない（すなわち，財務諸表上，自社の在庫として認識し続ける）。

② 代替的な取扱い

　企業は支給品に対する支配を保持したままではあるが，支給品そのものは手許になく，物理的な在庫管理は支給先が行っているため，個別財務諸表においては，企業は支給品の譲渡時にその支給品の消滅を認識することができる。その場合であっても，支給品の譲渡に係る収益と最終製品の販売に係る収益が二重に計上されることを避けるため，その支給品の譲渡に係る収益は認識しない。なお，この代替的な取扱いは，個別財務諸表に関してのものであり，連結財務諸表上は，支給品の消滅を認識しない点に留意が必要である。

■ 代替的な取扱い等を設けなかった項目

項目	理由
割賦販売における 割賦基準に基づく収益計上	• 国際的な比較可能性の確保
返品調整引当金の計上	
売上高または使用量に基づくロイヤルティの 現金主義による収益認識	
対価に変動対価が含まれる場合の取扱い	• 変動対価額の見積りや重要な金融要素の 有無の判断に資する要件を一意的に定める ことの困難さ
契約に重要な金融要素が含まれる場合 （金利相当分の影響の調整）	
顧客に付与するポイントへの取引価格の配分 （引当金処理の継続）	• 国際的な比較可能性の確保 • 原則的な取扱いも引当金処理も一定の 見積計算を伴うものであり、コストは同じ • 顧客との契約の観点で重要性が乏しい場合 の代替的な取扱いにより、実務負担が軽減 される可能性あり
商品券等の非行使部分の会計処理	• 非行使部分の見積りが実務において著しく 困難になるとの意見なし
電気事業およびガス事業における 検針日基準	• 代替的な取扱いの必要性について合意が 形成されず

■ 代替的な取扱いは，国際的な財務諸表間の比較可能性を大きく損なわせない範囲でのみ定められている。

代替的な取扱い等を設ける場合の判断基準

収益認識基準では，わが国の従来の実務等に配慮すべき項目がある場合に，財務諸表間の比較可能性を大きく損なわせない範囲で，個別項目において重要性等を勘案して代替的な取扱いが定められている。

代替的な取扱い等を設けなかった項目

要望や原則的な取扱いに対する懸念のうち，検討の結果，代替的な取扱いを設けないこととされたものは左頁の表のとおりである。ただし，今後，収益認識基準の実務への適用を検討する過程で，他の事項についても，収益認識基準の規定による処理を行うことが実務上著しく困難な状況が識別され，問題提起された場合には，審議により，代替的な取扱い等を認めるか否か，判断されることとなっている。

また，具体的な設例を追加することに対する要望も聞かれたが，下記の理由から追加されないこととなった。

● 取引の事実および状況に応じて会計処理が異なりうるにもかかわらず，設例を示すと，設例で示した特定の処理をしなければならないという誤解を生じさせる可能性があり，適切ではない。

● 実務上の判断が困難な点については，会計基準および適用指針の記載から適切な処理を判断できるように，結論の背景を中心にその考え方を追加記載している。

● 要望された取引は，必ずしも日本にだけ特有の取引ではないと考えられる。

　収益認識基準の適用にあたり，特に重要性の判断が求められるのは，代替的な取扱いについて適用の可否を判断する場面ではないでしょうか。代替的な取扱いは，これまでわが国で行われてきた実務等に配慮して，IFRS第15号における取扱いとは別に設けられた規定ではありますが，一方で財務諸表間の比較可能性を大きく損なわせないことが前提とされており，重要性の記載等，それを適用するための要件が個別に定められています。

　それらの要件の多くは，個々の契約または取引における重要性について規定しています。例えば，契約変更に会計処理の選択を認める代替的な取扱いは，追加される財またはサービスが既存の契約内容に照らして重要性が乏しい場合に，適用が認められます。また，重要性が乏しい財またはサービスについて履行義務に該当するかどうかの検討を免除する代替的な取扱いは，その財またはサービスが顧客との契約の観点で重要性に乏しい場合に，適用が認められます。代替的な取扱いについては，金額的な影響を集計して重要性の有無を判定することは必ずしも求められていないため，特定の代替的な取扱いが，一部の契約には適用され，その他の契約には重要性の観点から適用されないという状況が生じえます。

　一方で，一定の状況においては重要性が低いであろうという前提のもと，適用するための要件が個別には定められていない代替的な取扱いもあります。具体的には，顧客が商品または製品に対する支配を獲得した後に行う出荷および配送活動について，履行義務として識別しないことを認める代替的な取扱いや，買戻義務があり顧客に支配が移転しない有償支給取引について，個別財務諸表において支給品の消滅の認識を認める代替的な取扱い等が該当します。これらについては，類似の取引に対して代替的な取扱いを適用するかどうかを，会計方針として選択することになると考えられます。

　なお，代替的な取扱いが適用されない契約や取引についても，一般的な重要性の判断は適用されますが，その場合は，原則として金額的な影響を集計し，質的な要素も合わせて，重要性の有無を判定することが求められると考えられる点に留意が必要です。

第 **5** 章

開　示

5-1 表示①：収益認識基準の表示の概要

■ 損益計算書における表示

損益計算書	
売上高	(*1) ××
売上原価	××
(*2) 重要な金融要素の表示・注記の方法については，特に定めなし。以下の「受取利息」，「支払利息」に含めて表示し，追加の注記はしないことも考えられる。	
営業外収益	
受取利息	××
営業外費用	
支払利息	××

※ 表中の(*1), (*2)…は右頁の(1), (2)…に対応している。

■ 貸借対照表における表示

貸借対照表			
流動資産		流動負債	
顧客との契約から生じた債権	(*3) ××	(略)	
契約資産	(*3) ××	契約負債	(*3) ××
(略)		返金負債	(*4) ××
返品資産	(*4) ××		
(略)		(略)	

※ 表中の(*3), (*4)…は右頁の(3), (4)…に対応している。

損益計算書における表示

(1) 顧客との契約から生じる収益

顧客との契約から生じる収益は，その他の収益と区分して損益計算書に表示するか，両者を区分せずに表示したうえで，顧客との契約から生じる収益の額を注記する。損益計算書に表示する場合は，適切な科目をもって表示することとされ，「売上高」，「売上収益」，「営業収益」等が例示として挙げられている。

(2) 重要な金融要素の影響

顧客との契約に重要な金融要素が含まれる場合には，生じる金融要素の影響を，顧客との契約から生じる収益と区分して表示する。

貸借対照表における表示

(3) 契約資産，契約負債および顧客との契約から生じた債権

企業か顧客のどちらかが履行したとき，すなわち，企業が履行義務を充足するか，顧客が対価を支払ったときには，それらの関係に基づき，顧客との契約から生じた債権，契約資産，または契約負債を計上する（【5-2】参照）。企業は，それぞれの金額を貸借対照表に区分して表示するか，その他の資産負債と区分せずに表示したうえで，それぞれの額を注記する。貸借対照表に表示するにあたっては，下記の科目が例示として挙げられている。

- ●契約資産…「契約資産」，「工事未収入金」等
- ●契約負債…「契約負債」，「前受金」等
- ●顧客との契約から生じた債権…「売掛金」，「営業債権」等

また，同一の契約から生じた契約資産と契約負債は相殺して貸借対照表に表示するが，異なる契約から生じた契約資産と契約負債は相殺してはならない。

(4) 返金負債の相殺表示の禁止

返品権付きの販売等で計上される返金負債と，返金負債の決済時に顧客から商品または製品を回収する権利として認識した資産（返品資産等）は，それらが同一の契約から生じたものかどうかによらず，相殺表示してはならない。

5-2 表示②：契約資産，契約負債および顧客との契約から生じた債権

■ 貸借対照表上の表示

顧客が対価を支払う**前**または支払期限到来**前**に，
企業が財またはサービスを顧客に移転したか？

 Yes

企業が財またはサービスを
顧客に移転する前に，
顧客が対価を支払う，または
支払期限が到来したか？

対価の受け取り期限の到来前に，
時の経過のみが求められるか？（**無条件**）

 Yes　　 No　　 Yes

顧客との契約から生じた債権	契約資産	契約負債

📢 顧客が対価を支払う前または支払期限到来前，かつ，企業が財またはサービスを
顧客に移転していない場合は，貸借対照表には何も計上されない

■ 契約資産と顧客との契約から生じた債権

前提条件

- A社は，製品Xと製品Yを販売する契約をB社と締結した。
- 製品Xと製品Yの納品タイミングは異なり，それぞれは別個の履行義務である。
- 対価については，**製品X，Yの両方を納品後に請求する旨が契約で定められている。**

製品X販売　　　　　　　　　　　製品Y販売　　　　請求　　支払期限

製品Xに係る収益認識	製品Yに係る収益認識

契約資産 XXX ／ 収益 XXX
・・・製品X

対価の受領のために時の経過
以外に製品Yを納品することが
必要である（＝無条件ではな
い）ため「契約資産」を計上。

顧客との契約から生じた債権 XXX ／ 収益 XXX 　　・・・製品Y
顧客との契約から生じた債権 XXX ／ 契約資産 XXX ・・・製品X

時の経過以外の条件を充足し，無条件で対価全額を受領できる
権利があるため，製品Xおよび製品Yについて，「顧客との契約から
生じた債権」を計上。なお，製品X分については，その納品時に計上
した「契約資産」を「顧客との契約から生じた債権」へ振り替え。

貸借対照表上の表示

企業の履行状況と顧客の支払状況に応じて，次のように表示する。

(1) 顧客が対価を支払う前または支払期限の到来前に，企業が財またはサービスを顧客に移転した場合

(借) 契約資産または顧客との契約から生じた債権	××	(貸) 収　　益	××

収益を認識するとともに，契約資産または顧客との契約から生じた債権を認識する。なお，契約資産または顧客との契約から生じた債権のいずれで表示するかの判断は以下で解説する。

(2) 顧客が対価を支払った後または支払期限の到来後に，企業が財またはサービスを顧客に移転した場合

(借) 現預金または顧客との契約から生じた債権	××	(貸) 契約負債	××

契約資産と顧客との契約から生じた債権

契約資産および顧客との契約から生じた債権は，いずれも企業が顧客に移転した財またはサービスと交換に受け取る対価に対する企業の権利を表す。このうち無条件のもの，すなわち，対価に対する法的な請求権を「顧客との契約から生じた債権」という。

一方，企業が対価を受領する権利を得るには時の経過以外にも条件がある場合，顧客との契約から生じた債権ではなく契約資産を認識する。契約資産は，その後，企業がこの条件を充足し，対価に対する権利が無条件となった時点で顧客との契約から生じた債権に振り替える。なお，収益認識基準に定めのない契約資産の会計処理は，金融商品会計基準における債権の取扱いに準じるものとし，契約資産が外貨建ての場合には，「外貨建取引等会計処理基準」の外貨金銭債権債務の換算の取扱いに準じて外貨換算する。

■ 収益認識基準の注記

 収益認識に関する注記の開示目的：
「顧客との収益から生じる収益およびキャッシュ・フローの性質，金額，時期および不確実性を財務諸表利用者が理解できるようにするための十分な情報を企業が開示すること」

大区分	中区分	小区分
1. 重要な会計方針の注記（右頁参照）	（1）企業の主要な事業における主な履行義務の内容 （2）企業がその履行義務を充足する通常の時点	
2. 収益認識に関する注記	収益の分解情報（【5-4】参照）	
	収益を理解するための基礎となる情報	契約および履行義務に関する情報（【5-5】参照）
		取引価格の算定に関する情報（【5-5】参照）
		履行義務への配分額の算定に関する情報（【5-6】参照）
		履行義務の充足時点に関する情報（【5-6】参照）
		収益認識基準の適用における重要な判断（【5-6】参照）
	当期および翌期以降の収益の金額を理解するための情報	契約資産および契約負債の残高等（【5-7】参照）
		残存履行義務に配分した取引価格（【5-8】参照）

■ 注記事項として，重要な会計方針の注記と収益認識に関する注記が求められ
ている。
■ 収益認識に関する注記について，どの項目をどの程度開示するかは，開示目
的に照らして判断する。

収益認識基準の注記

1．重要な会計方針の注記

　企業は，企業会計原則注解（注1−2）に従い，財務諸表に重要な会計方針
を注記する必要がある。収益認識に関して何が重要な会計方針に該当するかは，
基本的には企業それぞれが判断することとなる。

　しかしながら，不必要に注記が省略されることを防ぎ，企業間でのばらつき
を防ぐ観点から，少なくとも次の項目について注記を行うこととされている。

　(1)　企業の主要な事業における主な履行義務の内容

　(2)　上記の履行義務を充足する通常の時点（収益を認識する通常の時点）

　なお，重要な会計方針の注記として開示された内容については，以下の収益
認識に関する注記として重ねて記載しないことができる。

2．収益認識に関する注記

　収益認識に関する注記の開示目的は，「顧客との契約から生じる収益および
キャッシュ・フローの性質，金額，時期および不確実性を財務諸表利用者が理
解できるようにするための十分な情報を企業が開示すること」である。

　この開示目的を達成するために，次の項目を注記することとされている。

　①　収益の分解情報（【5-4】参照）

　②　収益を理解するための基礎となる情報（【5-5】，【5-6】参照）

　③　当期および翌期以降の収益の金額を理解するための情報（【5-7】，【5-8】
参照）

　上記のうち，どの項目をどの程度開示するかについては，上記の開示目的に
照らして判断することとされており，必要に応じて情報を集約または分解して
開示する。

　また，注記の区分については，次頁以降で示す区分に従う必要はなく，企業
の実態に応じて，開示目的に照らして適切と考えられる方法で注記することが
できる。収益認識に関する注記を財務諸表における他の注記事項に含めて記載
している場合には，それらを参照することができる。

5-4 注記②：収益の分解情報

■ 収益の分解

区分方法の例示	具体的な区分例
財またはサービスの種類	主要な製品ライン
地理的区分	国または地域
市場または顧客の種類	政府と政府以外の顧客
契約の種類	固定価格と実費精算契約
契約期間	短期契約と長期契約
財またはサービスの移転の時期	一時点で移転されるものと一定の期間にわたり移転されるもの
販売経路	消費者に直接販売されるものと仲介業者を通じて販売されるもの

■ セグメント情報との関係

開示例

セグメント注記における報告セグメント区分

収益の分解情報

セグメント	輸送	エネルギー	合計
主たる地域市場			
日本	700	200	900
アジア	250	150	400
	950	350	1,300
主要な財またはサービスのライン			
自動車	600	−	600
オートバイ	350	−	350
発電所	−	350	350
	950	350	1,300
収益認識の時期			
一時点で移転される財	950	−	950
一定の期間にわたり移転されるサービス	−	350	350
	950	350	1,300

 ㊎80-10，80-11，174，175，178 ㊜106-3，106-4，106-5，190，191，開示例1

収益の分解

　一言で「顧客との契約から生じる収益」といっても，それらは顧客とのさまざまな種類の契約から生じた複合的な金額である。そのため，収益認識基準では，顧客との契約から生じる収益を，企業の収益およびキャッシュ・フローの性質，金額，時期および不確実性に影響を及ぼす主要な要因に基づく区分に分解して注記することとしている。収益認識基準では，左頁上図のような区分による分解が例示されている。顧客との契約から生じる収益をどの区分でどの程度分解するかは，企業の実態に即した事実および状況に応じて決定することとされている。その判断においては，下記に示す情報を考慮することが求められる。

(1) 財務諸表外で開示している情報（例：決算発表資料，年次報告書，投資家向けの説明資料）

(2) 最高経営意思決定機関（例：取締役会）が事業セグメントに関する業績評価を行うために定期的に検討している情報

(3) (1)(2)に類似して，企業または企業の財務諸表利用者が企業の資源配分の意思決定や業績評価に使用する情報

　これらの要因を考慮した結果，複数の区分で分解する必要がある企業もあれば，単一の区分のみで足りる企業もありうる。

セグメント情報との関係

　企業がセグメント情報を注記している場合，顧客との契約から生じる収益の分解情報とセグメント注記における各報告セグメントの売上高との関係を理解するのに十分な情報を示すことが求められている。例えば，左頁下図のように顧客との契約から生じる収益とセグメント注記において開示される各報告セグメントの売上高との関係を示す方法が考えられる。

　ただし，セグメント注記が収益認識基準の会計処理の定めに基づいており，かつ，顧客との契約から生じた収益の分解情報として十分である場合は，セグメント注記に追加して，収益の分解情報を注記する必要はないとされている。

■ 収益認識の5つのステップ（再掲）

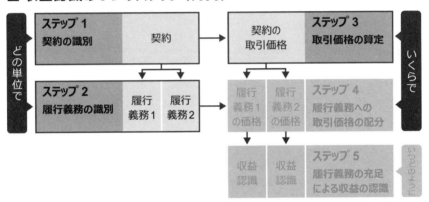

■ 契約および履行義務に関する情報（ステップ1およびステップ2）

履行義務に関する情報（企業が顧客に移転することを約束した財またはサービスの内容）を記載
また、例えば、以下が含まれる場合にはその内容を記載

例示
- 企業が他の当事者の代理人として行動する場合の履行義務の内容
- 返品、返金およびその他の類似の義務の内容
- 財またはサービスに対する保証および関連する義務

重要な支払条件に関する情報を記載

例示
- 通常の支払期限
- 対価に変動対価が含まれる場合のその内容
- 変動対価の見積りが通常制限される場合のその内容
- 契約に含まれる重要な金融要素の内容

■ 取引価格の算定に関する情報（ステップ3）

取引価格を算定する際に用いた見積方法、インプットおよび仮定に関する情報を記載
例えば、以下について記載

例示
- 変動対価の算定
- 変動対価の見積りが制限される場合のその評価
- 契約に重要な金融要素が含まれる場合の金利相当額の調整
- 現金以外の対価の算定
- 返品、返金およびその他の類似の義務の算定

　企業が認識する収益を財務諸表利用者が理解するための基礎となる情報として，会計処理のステップ１〜５（【2-1】参照）のそれぞれについて，以下のような注記を行うことが求められている。

契約および履行義務に関する情報（ステップ１およびステップ２）

　この項目では，収益がどのような契約から生じているのかを理解するための情報を注記することが求められており，「履行義務に関する情報」と「重要な支払条件に関する情報」とに区分したうえで，それぞれについて記載する内容が基準上例示されている。

（履行義務に関する情報）

　顧客と約束した財またはサービスの内容は，企業が契約および履行義務を識別して会計処理を決定するうえで基礎となる情報であるため，この履行義務の内容について注記を行う。左頁中央図のような内容が契約に含まれており，重要な影響がある場合には，その内容を注記することが基準上例示されている。なお，履行義務の内容の注記は，重要な会計方針の注記（【5-3】参照）として注記することとされている。

（重要な支払条件に関する情報）

　また，契約に，収益およびキャッシュ・フローの金額，時期および不確実性に重要な影響を及ぼす支払条件が含まれる場合には，その内容を記載することが求められている。左頁中央図のような内容が契約に含まれており，重要な影響がある場合には，その内容を注記することが基準上例示されている。

取引価格の算定に関する情報（ステップ３）

　この項目では，「契約および履行義務に関する情報」を踏まえ，取引価格をどのように算定したかを理解するために，取引価格を算定する際に用いた見積方法，インプットおよび仮定に関する情報を記載することが求められている。この注記についても，開示目的に照らして記載することが考えられる内容が基準上例示されている。

5-6 注記④：収益を理解するための 基礎となる情報2

■ 収益認識の5つのステップ（再掲）

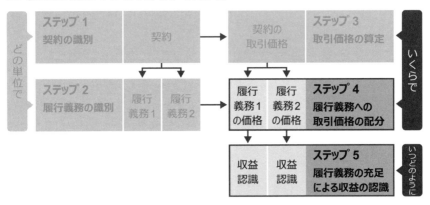

■ 履行義務への配分額の算定に関する情報（ステップ4）

取引価格を履行義務に配分する際に用いた見積方法，インプットおよび仮定に関する情報を記載
例えば，以下について記載

| 例示 | ・約束した財またはサービスの独立販売価格の見積り
・契約の特定の部分に値引きや変動対価の配分を行っている場合の
　取引価格の配分 |

■ 履行義務の充足時点に関する情報（ステップ5）

| 記載事項 | ・履行義務を充足する通常の時点（または，収益を認識する通常の時点 ※）

一時点で充足される履行義務の場合
・顧客に移転する時点を評価する際に行った重要な判断

一定の期間にわたり充足される履行義務の場合
・収益認識の方法
・その方法を採用した根拠 |

※「履行義務を充足する通常の時点」と「収益を認識する通常の時点」が異なる場合は，「収益を認識する通常の
時点」を記載する（例：代替的な取扱いを用いて出荷時点で収益計上する場合など）

履行義務への配分額の算定に関する情報（ステップ4）

　企業が複数の履行義務を含む契約を有しており，履行義務への取引価格の配分に関連して，収益の金額，時期および不確実性に重要な影響が生じる場合には，「取引価格の算定に関する情報」（【5-5】参照）と同様に，その配分に用いた方法，インプットおよび仮定に関する情報を注記する（左頁中央図参照）。

履行義務の充足時点に関する情報（ステップ5）

　企業が履行義務を充足する通常の時点（収益を認識する通常の時点）をどのように判断し，どのように会計処理しているのかに関する情報を注記することが求められている。この項目では，例示ではなく，具体的な記載内容が下記のとおり示されている。

(1)　履行義務を充足する通常の時点（または，収益を認識する通常の時点）

(2)　一時点で充足される履行義務について，約束した財またはサービスに対する支配を顧客が獲得した時点を評価する際に行った重要な判断

(3)　一定の期間にわたり充足される履行義務の収益認識の方法，およびその方法が財またはサービスの移転の忠実な描写となる根拠

　「履行義務を充足する通常の時点」と「収益を認識する通常の時点」とが異なる場合は，「収益を認識する通常の時点」を注記する。例えば，一時点で充足される履行義務の代替的な取扱い（【4-7】参照）を適用し，出荷時点で収益計上する場合は，「収益を認識する通常の時点」である出荷時点を注記することになる。

　なお，このうち，上記(1)については，重要な会計方針として注記することとされている（【5-3】参照）。

本会計基準の適用における重要な判断

　これまでに記載した項目以外にも，収益認識基準を適用する際に行った判断および判断の変更のうち，顧客との契約から生じる収益の金額および時期の決定に重要な影響を与えるものについては，注記をすることが求められる。

5-7 注記⑤：当期および翌期以降の収益の金額を理解するための情報1

■ 契約資産および契約負債の残高等

開示例

(1) 顧客との契約から生じた債権，契約資産および契約負債の期首残高と期末残高

顧客との契約から生じた債権，契約資産および契約負債の残高は，次のとおりです。

(単位：百万円)

	前連結会計年度 （20x1年3月31日）	当連結会計年度 （20x2年3月31日）
顧客との契約から生じた債権	23,000	35,000
契約資産	1,250	1,500
契約負債	3,000	3,500

(2) 期首時点の契約負債残高のうち，当期に認識された収益の額

当連結会計年度に認識した収益のうち，期首時点の契約負債に含まれていた額は2,400百万円です。

(3) 当期における契約資産および契約負債の残高の重要な変動の内容

契約資産および契約負債の増減は，いずれも主として企業結合による増加により生じたものです。

(4) 履行義務の充足時期と通常の支払時期の関係とそれらの契約資産および契約負債の残高への影響

契約資産は，〇〇サービスの当期末時点で完了している作業に対する対価のうち，まだ請求を行っていない部分に対する当社の権利に主に関係するものです。契約資産は権利が無条件になった時点で債権に振り替えられます。これは通常，サービスの提供が完了して請求書を顧客に発行した時点です。契約負債は，△△サービスの提供に対する前受金に主に関係するものです。

(5) 過去の期間に充足（または部分的に充足）した履行義務について当期に認識した収益の金額

過去の期間に充足した（または部分的に充足した）履行義務に関して，当連結会計年度に認識された収益の金額は500百万円です。これは主に，XXサービスの取引価格が変更されたためです。

契約資産および契約負債の残高等

　履行義務の充足とキャッシュ・フローの関係についての理解に資するため，
次の定量的および定性的な情報の注記を行う。

(1) 顧客との契約から生じた債権，契約資産および契約負債の期首残高と期
　　末残高（これらを財務諸表に区分して表示している場合には不要）

(2) 期首時点の契約負債残高のうち，当期に認識された収益の額

(3) 当期における契約資産および契約負債の残高の重要な変動の内容

(4) 履行義務の充足時期が通常の支払時期にどのように関連し，それらの要
　　因がどのように契約資産および契約負債の残高に影響するのかの説明

(5) 過去の期間に充足（または部分的に充足）した履行義務について，当期
　　に認識した収益の金額（例：前期に充足されている履行義務について，
　　取引価格の変動によって当期に認識した収益の額）

　(3)については，実務上の負担等を考慮して，残高の変動のうち「重要な変動」
について注記するものとし，また必ずしも定量的な情報を含める必要はないこ
ととされている。開示される残高の変動の例としては以下が例示されている。

● 企業結合による変動

● 進捗度の見積りの変更

● 取引価格の見積りの見直し（取引価格に含まれる変動対価の額が制限され
　るのかどうかの評価の変更を含む）

● 契約変更等による収益に対する累積的な影響に基づく修正のうち，対応す
　る契約資産または契約負債に影響を与えるもの

● 対価に対する権利が無条件となるまでの通常の期間の変化

● 履行義務が充足されるまでの通常の期間の変化

5-8 注記⑥：当期および翌期以降の収益の金額を理解するための情報2

■ 残存履行義務に配分した取引価格の注記

期末に**充足していない**履行義務があるか？ ── No ──▶ 残存履行義務の注記は不要

Yes

下記の**いずれか**に該当するか？

1	契約期間が**1年以内**である
2	一定の期間にわたり充足される履行義務について，請求額で収益計上する**容認規定**を適用している（適19）
3	売上高または使用量に基づく**ロイヤルティ**である
4	**完全に未充足**の履行義務（または，一連の別個の財またはサービスに含まれる財またはサービス）に配分される変動対価である

Yes / No

【容認規定】
注記に含めないことができる
（含めない場合に開示すべき事項は右頁参照）

【原則】 以下を注記する
(1) 当期末時点で未充足（または部分的に未充足）の履行義務に配分した取引価格の総額
(2) (1)の金額を，企業がいつ収益として認識すると見込んでいるか（①定量的情報，②定性的情報のいずれかの方法）

開示例

① 定量的情報を使用した方法

（単位：千円）

X2年3月31日現在，XXサービスに関して認識されると見込まれる収益	X2年度	X3年度	合計
	480	240	720

② 定性的情報を使用した方法

X2年3月31日現在，XXサービスに係る残存履行義務に配分した取引価格の総額は720百万円である。当社は，当該履行義務について，経過期間に基づいて，今後18ヵ月にわたって収益を認識することを見込んでいる。

残存履行義務に配分した取引価格の注記

当期末における未充足の履行義務に配分された取引価格は，翌期以降に収益認識されることから，企業の将来の収益予測に有用であるため，それらの金額と収益認識時期に関する次の情報を注記する。

(1) 当期末時点で未充足（または部分的に未充足）の履行義務に配分した取引価格の総額

(2) (1)の金額を，企業がいつ収益として認識すると見込んでいるか（下記のいずれかの方法により注記する）

① 残存履行義務の残存期間に最も適した期間による定量的情報を使用した方法

② 定性的情報を使用した方法

注記に含めないことができる条件

下記の場合には，上記の注記に含めないことができる。

(1) 契約の当初に予想される契約期間が1年以内である場合

(2) 請求する権利を有している金額で収益を認識する容認規定（適用指針19項）を用いて収益認識している場合

(3) 売上高または使用量に基づくロイヤルティ（【3-9】参照）である場合

(4) 完全に未充足の履行義務（または，一連の別個の財またはサービスに含まれる財またはサービス）に配分される変動対価である場合

これらの条件のいずれかを満たすため注記に含めなかった場合には，どの条件に該当したために注記に含めなかったか，および，その履行義務の内容を注記する。加えて，上記(3)または(4)に該当したために注記に含めなかった場合には，①残存する契約期間と②注記に含めなかった変動対価の概要（例：変動対価の内容およびその変動対価がどのように解消されるか）を注記する。なお，変動対価の見積りの制限（【2-16】参照）等により，取引価格に含めないと判断したため，この注記に含まれていないものがある場合には，その旨を注記する。

5-9 年度財務諸表（個別）および四半期財務諸表（連結・個別）における表示および注記の取扱い

■ 年度財務諸表（個別）および四半期財務諸表（連結・個別）の取扱い

		年度財務諸表 （個別）	四半期財務諸表 （連結・個別）
（表示）			
損益計算書の区分表示（【5-1】参照） ・顧客との契約から生じる収益 ・重要な金融要素の影響		区分しないことができる	収益認識会計基準においては，特に規定なし。四半期財務諸表会計基準に従う
貸借対照表の区分表示（【5-1】参照） ・契約資産 ・契約負債 ・顧客との契約から生じた債権		区分しないことができる	
（注記）			
1. 重要な会計方針の注記（【5-3】参照） (1)企業の主要な事業における主な履行義務の内容 (2)企業が当該履行義務を充足する通常の時点		必要	注記しないことができる ※ 会計方針の変更があった場合は必要
2. 収益認識に関する注記	収益の分解情報 （【5-4】参照）	注記しないことができる	必要
	収益を理解するための基礎となる情報 （【5-5】,【5-6】参照）	必要 ※ 連結財務諸表を参照することが可能	注記しないことができる
	当期および翌期以降の収益の金額を理解するための情報 （【5-7】,【5-8】参照）	注記しないことができる	注記しないことができる

 年度財務諸表（個別）の簡便的な取扱いが認められるのは，年度財務諸表（連結）を作成している場合のみ。年度財務諸表（連結）を作成していない場合は，すべて開示が必要

- 連結財務諸表を作成している場合には，簡素化の観点から年度財務諸表（個別）における表示および注記の大部分について，簡便的な取扱いが設けられており，重要な会計方針を除き，注記として記載しないか連結財務諸表における記載を参照することが認められる。
- 四半期財務諸表では，「収益の分解情報」について注記が求められている。

連結財務諸表を作成している場合の年度財務諸表（個別）の表示の取扱い

連結財務諸表を作成している企業は，個別財務諸表において，【5-1】に記載されている表示の定めを適用せず，下記の簡便的な表示を行うことができる。

- 顧客との契約から生じる収益を，損益計算書においてその他の収益と区分せずに表示し，その金額の注記もしない。
- 顧客との契約に含まれる金融要素の影響を，損益計算書において顧客との契約から生じる収益と区分しない。
- 契約資産，契約負債，および顧客との契約から生じた債権を，貸借対照表においてその他の資産・負債と区分せずに表示し，その金額の注記もしない。

連結財務諸表を作成している場合の年度財務諸表（個別）の注記の取扱い

連結財務諸表を作成している企業は，個別財務諸表上，以下の注記を省略することが認められている。

- 収益の分解情報（【5-4】参照）
- 当期および翌期以降の収益の金額を理解するための情報（【5-7】，【5-8】参照）

収益を理解するための基礎となる情報（【5-5】，【5-6】参照）の注記については，個別財務諸表において開示が求められる一方，連結財務諸表における記載を参照することができるとされており，これについても簡便的な開示が認められている。

なお，重要な会計方針の注記については，上記のような定めは設けられていないため，連結財務諸表と同様に個別財務諸表においても注記が求められる。

四半期財務諸表（連結・個別）における取扱い

企業が四半期連結財務諸表または四半期個別財務諸表を作成する場合は，年度の注記事項のうち「収益の分解情報」について毎四半期記載することとされている。ただし，年度における財務諸表と同様に，セグメント注記を参照し，収益の分解情報の注記に代えることができる場合がある（【5-4】参照）。

◆コラム◆　収益認識の開示には一手間が必要！

　収益認識基準が公表されるまでは，工事契約等の一部の定めを除き，直接「収益」に着目した表示や注記の要求事項は明確に定められていませんでした。そのため，収益認識基準の適用によって，企業が開示すべき事項が拡大し，負担が増加する可能性があります（もちろん，開示目的に照らした重要性の判断により，必ず負担が大きく増加するというわけではありません）。

　それでは，開示する場合に特に実務上の負担が増える可能性が高い項目とは，どのような項目でしょうか。例えば以下のように，開示の要求事項に解釈の幅がある場合や，開示情報を収集するための体制を新たに構築することとなる場合には，負担の増加要因となる可能性があります。

● 収益の分解情報（【5-4】参照）

　有価証券報告書において従来から開示が求められているセグメント情報に加え，収益およびキャッシュ・フローに影響を与える主な要因に着目をして，収益の分解情報を新たに開示することが求められています。しかしながら，具体的にどのような区分でどの程度分解すべきかは，企業ごとに実態に合わせて判断しなければならず，区分方法の検討および数値作成プロセスの整備には労力を要する場合があります。

● 残存履行義務に配分した取引価額（【5-8】参照）

　一般的に，経営管理目的で受注残を把握しているケースは見られますが，収益認識基準の開示規定に準拠するためには，数値の集計方法を見直すべき場合があります。例えば，残存履行義務に配分した取引価額の集計対象は，収益認識基準のもとで契約の定義を満たすものに限られますが，現状管理されている受注残の中にはそうでないものが含まれているかもしれません。

　上記はあくまでも例示ですが，従来と異なる観点で財務報告数値を管理することが求められるため，業務のさまざまな領域に影響を与えると考えられます。すなわち，開示書類作成時のみではなく，期中の段階においても，開示を見据えた業務設計および運用を行うことが非常に重要となります。

第 **6** 章

適用時期および
経過措置

6-1 適用時期

■ 強制適用時期と早期適用可能時期

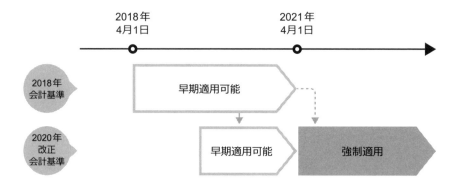

■ 国際的な会計基準の適用スケジュール（3月決算の場合）

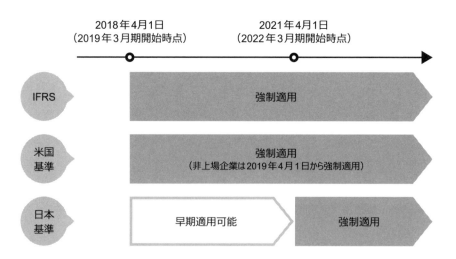

㊇ 81, 82, 83, 83-2

- 収益認識基準は，2021年4月1日以後開始する年度から適用される。なお，早期適用も認められている。

強制適用時期と早期適用可能時期

収益認識基準は，2021年4月1日以後開始する連結会計年度および事業年度（以下「会計年度」という）の期首から適用することが求められる。

また，2018年4月1日以後開始する会計年度の期首から早期適用することも認められている。

なお，強制適用までの間は，「2018年会計基準」と「2020年改正会計基準」が並存することとなる。すなわち，収益認識基準を適用していない会社が早期適用を行う場合には，「2018年会計基準」と「2020年改正会計基準」のどちらの基準を適用することも可能である。加えて，2018年会計基準をすでに早期適用している場合も，2020年改正会計基準を早期適用することができる。

国際的な会計基準の適用スケジュール

IFRSにおける収益認識基準であるIFRS第15号は2019年3月期（3月決算の場合）から適用されている。また，米国会計基準のTopic 606も同じく2019年3月期（3月決算の場合）からの適用が原則となっている（非上場企業については2020年3月期からの適用）。このような国際的な会計基準の適用スケジュールに合わせて，日本基準の収益認識基準も，2019年3月期（3月決算の場合）からの適用が容認されており，この適用時期に関する定めにも国際的な会計基準と歩調を合わせる趣旨が表れている。

■ 遡及修正アプローチの概要と適用可能な容認規定

		前会計年度 (比較情報)	適用初年度
適用方法		収益認識基準適用 (修正再表示)	収益認識基準適用
適用可能な容認規定	(1) 適用初年度の前会計年度の期首より前までに従前の取扱いによってほとんどすべての収益の額を認識した契約	遡及修正しないことができる	－
	(2) 適用初年度の期首より前までに従前の取扱いに従ってほとんどすべての収益の額を認識した契約に変動対価が含まれる場合	不確実性が解消された時の金額を用いて遡及的に修正することができる	－
	(3) 適用初年度の前会計年度内に開始して終了した契約	遡及修正しないことができる	－
	(4) 適用初年度の前会計年度の期首より前までに行われた契約変更	すべての契約変更を反映した後の契約条件で一定の処理を行い, 遡及的に修正することができる	－

- 原則として，収益認識基準の適用初年度において，収益認識基準の内容を過去の期間のすべてに遡及適用する（遡及修正アプローチ）。
- ただし，この場合には，4つの容認規定をそれぞれ適用することができる。

遡及修正アプローチによる収益認識基準の適用

　収益認識基準を最初に適用する年度（適用初年度）においては，「会計基準等の改正に伴う会計方針の変更」として取り扱い，原則として，収益認識基準を過去の期間のすべてに遡及適用し，財務諸表を修正する（以下「遡及修正アプローチ」という）。

4つの容認規定

　遡及修正アプローチによって収益認識基準を適用する場合には，下記の(1)～(4)の容認規定をそれぞれ適用することができる。

(1) 適用初年度の前会計年度（前連結会計年度および前事業年度）の期首より前までに従前の取扱いによってほとんどすべての収益の額を認識した契約については，適用初年度の前会計年度の連結・個別財務諸表を遡及的に修正しないことができる（四半期（および中間）連結・個別財務諸表を含む）。

(2) 適用初年度の期首より前までに従前の取扱いに従ってほとんどすべての収益の額を認識した契約に変動対価が含まれる場合，この変動対価の額について，変動対価の額に関する不確実性が解消された時の金額を用いて適用初年度の比較情報を遡及的に修正することができる。

(3) 適用初年度の前会計年度内に開始して終了した契約について，適用初年度の前会計年度の四半期（および中間）連結・個別財務諸表を遡及的に修正しないことができる。

(4) 適用初年度の前会計年度の期首より前までに行われた契約変更について，すべての契約変更を反映した後の契約条件で下記の①～③の処理を行い，適用初年度の比較情報を遡及的に修正することができる。

　① 履行義務の充足分および未充足分の区分

　② 取引価格の算定

　③ 履行義務の充足分および未充足分への取引価格の配分

6-3 累積的キャッチアップ・アプローチによる適用と表示および注記に関する経過措置

■ 累積的キャッチアップ・アプローチの概要と適用可能な容認規定

		前会計年度（比較情報）	適用初年度
適用方法		遡及修正しない	収益認識基準適用 ＋ 遡及適用した場合の累積的影響額を期首剰余金で調整
適用可能な容認規定	(1) 適用初年度の期首より前までに従前の取扱いによってほとんどすべての収益の額を認識した契約	遡及修正しない	収益認識基準を適用しないことができる
	(2)「適用初年度の**前会計年度の期首より前**」もしくは「**適用初年度の期首より前**」（どちらか選択可能）までに行われた契約変更	遡及修正しない	すべての契約変更を反映した後の契約条件で一定の処理を行い，期首剰余金の累積的影響額を算定することができる

■ 表示および注記に関する経過措置

		前会計年度（比較情報）	適用初年度
（表示）			
損益計算書の区分表示（【5-1】参照） ・顧客との契約から生じる収益 ・重要な金融要素の影響		区分しないことができる	必要
貸借対照表の区分表示（【5-1】参照） ・契約資産 ・顧客との契約から生じた債権 ・契約負債			
（注記）			
1. 重要な会計方針の注記（【5-3】参照） (1)企業の主要な事業における主な履行義務の内容 (2)企業が当該履行義務を充足する通常の時点		注記しないことができる	必要
2. 収益認識に関する注記	収益の分解情報（【5-4】参照）		
	収益を理解するための基礎となる情報（【5-5】，【5-6】参照）		
	当期および翌期以降の収益の金額を理解するための情報（【5-7】，【5-8】参照）		

- 収益認識基準の適用にあたっては，適用初年度の期首より前に収益認識基準を遡及適用した場合の適用初年度の累積的影響額を期首の利益剰余金に加減し，適用初年度の期首から適用する累積的キャッチアップ・アプローチを適用することができる。
- 収益認識基準の適用初年度においては，比較情報の表示および注記の負担を軽減する経過措置が設けられている。

累積的キャッチアップ・アプローチによる収益認識基準の適用

企業は収益認識基準の適用初年度において，【6-2】の原則的な定め（遡及修正アプローチ）にかかわらず，適用初年度の期首より前に収益認識基準を遡及適用した場合の累積的影響額を，適用初年度の期首の利益剰余金に加減し，適用初年度の期首から収益認識基準を適用することができる（これを「累積的キャッチアップ・アプローチ」という）。

この場合，適用初年度の期首より前までに従前の取扱いに従ってほとんどすべての収益の額を認識した契約に，収益認識基準を遡及適用しないことができる。

また，【6-2】で解説した(4)の契約変更に関する容認規定を，適用初年度の期首より前までに行われた契約変更または適用初年度の前会計年度の期首より前までに行われた契約変更のいずれかに適用し，その累積的影響額を適用初年度の期首の利益剰余金に加減することができる。

２つの容認規定

累積的キャッチアップ・アプローチによって収益認識基準を適用する場合には，左頁上図の(1)，(2)の容認規定をそれぞれ適用することができる。

表示および注記に関する経過措置

収益認識基準の適用初年度においては，適用初年度の比較情報について，収益認識基準に基づく新たな表示方法に従った組替えを行わないことができる。また，収益認識に関する注記についても，比較情報についての注記を行わないことが認められており，適用初年度の表示および注記に係る実務上の負担の軽減が図られている。

なお，「2020年改正会計基準」を適用する前に，「2018年会計基準」を早期適用している場合は，2020年改正会計基準の適用初年度における比較情報の表示組替えを行わないこと（すなわち，2018年会計基準に基づく方法で表示する），および比較情報について収益認識基準で新たに求められる注記を行わないことが認められる。

◆コラム◆ 契約・債権管理や周辺システムへの影響にも注意！

　現行実務では，工事契約およびソフトウェア取引に係るものを除き，1つの契約（または取引）を区別できる単位に分けて売上を計上するという一般的な定めはなかったことから，例えば機器の販売とそのメンテナンス・サービスのように，契約の中に複数の区別できる約束が含まれている場合であっても，通常は，それらを1つの単位として売上計上していることが多いと考えられます。

　そのため，通常，契約価格と売上計上額，債権計上額は一致しており，会計とその周辺システムもそれを前提として構築されていることが多いと考えられます。例えば，受注システムに契約価格を入力すると，そのデータが売上計上額のデータとして会計システムに流れ，かつ，債権計上額・請求書発行のデータとして債権管理システムにも流れるようなイメージです。

　これに対して，収益認識基準では，1つの契約（取引）の中に区別できる複数の約束がある場合には，それらを別個の履行義務として識別し，各履行義務単位で売上計上することが求められます。その結果，以下のように契約価格と売上計上額，債権計上額は必ずしも一致しなくなります（例えば，契約の中に2つの履行義務があると判断され，そのうちの1つの収益認識時期が次年度以降にずれ込むようなケース）。

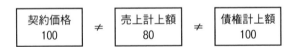

　したがって，このような不一致について，どこでどのような修正を入れることで対応するかの検討が必要となります。取引によっては前受金がある場合や契約資産が計上される場合等，さまざまなものが考えられるため，自社の取引形態に合わせて契約管理・債権管理方法や会計システムと周辺システムとの連携について適宜見直すことが必要と考えられます。

◆監修

長谷川　義晃

辻野　幸子

◆執筆

小野口　慶昭

藤本　さおり

中山　英志

峯　一星

吉原　智子

髙橋　見

栗田　有希

◆本文図表デザイン

寺田　麻衣子

池田　深明

梅澤　祥子

奥山　裕子

<編者紹介>

有限責任 あずさ監査法人

　有限責任 あずさ監査法人は，全国主要都市に約6,200名の人員を擁し，監査や保証業務をはじめ，IFRS アドバイザリー，アカウンティングアドバイザリー，金融関連アドバイザリー，IT 関連アドバイザリー，企業成長支援アドバイザリーを提供しています。また，金融，情報・通信・メディア，パブリックセクター，流通・小売業，エネルギー，製造等，業界特有のニーズに対応した専門性の高いサービスを提供する体制を有するとともに，KPMG のメンバーファームとして，147ヵ国に拡がるネットワークを通じ，グローバルな視点から関与先を支援しています。

図解　収益認識基準のしくみ＜改訂版＞

2019年4月1日	第1版第1刷発行
2020年5月25日	第1版第5刷発行
2020年11月25日	改訂版第1刷発行
2023年7月25日	改訂版第4刷発行

編　者　あずさ監査法人
発行者　山　本　　　継
発行所　㈱中　央　経　済　社
発売元　㈱中央経済グループ
　　　　パブリッシング

〒101-0051　東京都千代田区神田神保町1-35
電話　03 (3293) 3371 (編集代表)
　　　03 (3293) 3381 (営業代表)
https://www.chuokeizai.co.jp
印刷／昭和情報プロセス㈱
製本／有 井 上 製 本 所

©2020
Printed in Japan

＊頁の「欠落」や「順序違い」などがありましたらお取り替えいたしますので発売元までご送付ください。(送料小社負担)

ISBN978-4-502-36471-6　C3034

■最新の監査諸基準・報告書・法令を収録■

監査法規集

中央経済社編

本法規集は，企業会計審議会より公表された監査基準をはじめとする諸基準，日本公認会計士協会より公表された各種監査基準委員会報告書・実務指針等，および関係法令等を体系的に整理して編集したものである。監査論の学習・研究用に，また公認会計士や企業等の監査実務に役立つ1冊。

《主要内容》

企業会計審議会編＝監査基準／不正リスク対応基準／中間監査基準／四半期レビュー基準／品質管理基準／保証業務の枠組みに関する意見書／内部統制基準・実施基準

会計士協会委員会報告編＝会則／倫理規則／監査事務所における品質管理　《監査基準委員会報告書》　監査報告書の体系・用語／総括的な目的／監査業務の品質管理／監査調書／監査における不正／監査における法令の検討／監査役等とのコミュニケーション／監査計画／重要な虚偽表示リスク／監査計画・実施の重要性／評価リスクに対する監査手続／虚偽表示の評価／監査証拠／特定項目の監査証拠／確認／分析的手続／監査サンプリング／見積りの監査／後発事象／継続企業／経営者確認書／専門家の利用／意見の形成と監査報告／除外事項付意見　他《監査・保証実務委員会報告》継続企業の開示／後発事象／会計方針の変更／内部統制監査／四半期レビュー実務指針／監査報告書の文例

関係法令編＝会社法・同施行規則・同計算規則／金商法・同施行令／監査証明府令・同ガイドライン／内部統制府令・同ガイドライン／公認会計士法・同施行令・同施行規則

法改正解釈指針編＝大会社等監査における単独監査の禁止／非監査証明業務／規制対象範囲／ローテーション／就職制限又は公認会計士・監査法人の業務制限

2020年1月1日現在の基準・解釈指針を収める
IFRS財団公認日本語版!

IFRS®基準
〈注釈付き〉 2020

IFRS財団 編　企業会計基準委員会　監訳
公益財団法人 財務会計基準機構

中央経済社刊 定価19,800円 （分売はしておりません） B5判・4816頁
ISBN978-4-502-35541-7

IFRS適用に必備の書!

●唯一の公式日本語訳・最新版 本書はIFRSの基準書全文を収録した唯一の公式日本語訳です。最新の基準はもちろん、豊富な注釈（基準間の相互参照やIFRS解釈指針委員会のアジェンダ決定）がIFRSの導入準備や学習に役立ちます。

●使いやすい3分冊 原書同様に、日本語版もPART A・PART B・PART Cの3分冊です。「要求事項」、「概念フレームワーク」をPART Aに、「付属ガイダンス」、「実務記述書」をPART Bに、「結論の根拠」をPART Cに収録しています。

●2020年版の特長 「金利指標改革」（IFRS第9号、IAS第39号、IFRS第7号の修正）等の最新基準を収録したほか、約束した財又はサービスの評価（IFRS第15号）、暗号通貨の保有（IAS第2号、IAS第38号）等、注目のアジェンダ決定を注釈に追加！
IFRSの参照にあたっては、つねに最新の日本語版をご覧ください。

中央経済社
東京・神田神保町1
電話 03-3293-3381
FAX 03-3291-4437
http://www.chuokeizai.co.jp/

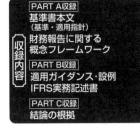

収録内容

PART A収録
基準書本文
（基準・適用指針）
財務報告に関する
概念フレームワーク

PART B収録
適用ガイダンス・設例
IFRS実務記述書

PART C収録
結論の根拠

▶価格は税込みです。掲載書籍は中央経済社ホームページ http://www.chuokeizai.co.jp/ からもお求めいただけます。